L'ATLAS DES FRONTIÈRES
MURS, MIGRATIONS, CONFLITS

世界の壁・移民・紛争の全記録

国境アトラス

著
デルフィヌ・パパン／ブルーノ・テルトレ

地図
グゼマルタン・ラボルド

訳
岩田佳代子／エラリー・ジャンクリストフ

日本語版監修
井田仁康

日経ナショナル ジオグラフィック

エセル、ロマン、オクターブ、アルチュール、
バティスト、ルイ、トマ、マルタンへ

編集：ジャン＝バティスト・ブラ
原案：ブルーノ・テルトレ

国境はカミソリの刃のようなものだ。そこでは戦争と平和、国家の存亡に関する現代的な問題が決定される。が、驚くようなことではない。家庭の安全が国民にとって最も大切な財産であるように、国境の保全は国家の存続の条件だ。しかし、人口の急速な増加と新たな経済的機会を求めるニーズの高まりとともに、大国は急激な拡大を必要とするようになった。地球上から未開の地がなくなっていけば、残された土地をめぐる競争は一時的にとはいえ激化する。だが幸いにも、このプロセスは、なるべくしてなるような結末を迎えつつある。未開の地が完全になくなり、すべての国境が確定すれば、問題は形を変える。長い歴史を刻んできた有数の強力な国々は、それまで同様国境をめぐって争い、自国よりも弱い隣国の領土を侵略し併合するだろう。つまり、国境紛争がなくなることはない。国境紛争は自然の摂理だ。しかし、新たな領土の奪い合いや、崩壊しつつある国家の領土を分割する争いは、吸収できる領土が少なくなり、無謀な行為が難しくなるにつれて、激しさを減じていくだろう。より弱い勢力が中立化され、分割され、あるいはより強力な勢力の完全な支配下に置かれたりすれば、なおさらだ。我々が現在生きているのは、そんな過渡期の真っ只中だ。つまりいずれは、国際法の支配が力を増し、より安定した世界が訪れることになるだろう。

1907年にオックスフォードで開催されたロマンス語学会における
ケドルストンの初代カーゾン侯爵ジョージ・カーゾンの言葉

はじめに
国境の偉大な復活
8

I
受け継がれた国境
12

- ① **国境の変遷** ……………………… 21
  増える国家
- ② **文明の境界** ……………………… 24
  認識のぶつかり合い
- ③ **サイクス・ピコ協定** …………… 26
  勢力範囲の分割
- ④ **南アジアの「国境線」** ………… 28
  英国の遺産
- ⑤ **冷戦時代のさまざまな「カーテン」** ……… 30
  大陸ごとの分断
- ⑥ **ヨーロッパにおける古い対立** …………… 32
  文化、宗教、政治
- ⑦ **ヨーロッパの境界線** …………… 34
  さまざまな見方
- ⑧ **英仏海峡** ………………………… 36
  国境はどこにあるのか？
- ⑨ **ヨーロッパの海外領土** ………… 37
  世界の中のヨーロッパ
- ⑩ **南米の国境問題** ………………… 38
  紛争、協力、密輸

CONTENTS

II
海と国境
40

- ⑪ **海上における主権** …………… 44
  領海、接続水域、排他的経済水域……
- ⑫ **フランスの海** …………… 46
  国境を押し広げるフランス
- ⑬ **北極** …………… 48
  複数の主張
- ⑭ **スバールバル諸島** …………… 50
  ユニークな領土
- ⑮ **ペルシャ湾** …………… 52
  石油と基地
- ⑯ **カスピ海** …………… 54
  海でも湖でもない……
- ⑰ **川が国境になるとき** …………… 56
  川の境はどこか？
- ⑱ **東地中海** …………… 58
  海の中の天然ガス
- ⑲ **イスラエル－レバノン** …………… 60
  歴史的な海上国境協定
- ⑳ **ギニア湾** …………… 62
  訴訟と海賊行為
- ㉑ **日本と周辺国** …………… 64
  食い違う主張
- ㉒ **南シナ海** …………… 66
  どれだけ多くの海域を手にできるか

III
壁と移民
68

- ㉓ **壁に囲まれた世界** …………… 74
  今日の壁、障壁、フェンス
- ㉔ **バリケードとフェンス** …………… 76
  4つの壁
- ㉕ **地中海で命の危険にさらされる移民** …… 78
  国境が墓場と化すとき
- ㉖ **シェンゲン圏** …………… 80
  開放と閉鎖の間
- ㉗ **スペインの飛び地** …………… 82
  アフリカの中のヨーロッパ
- ㉘ **世界のパスポート** …………… 84
  意のままに扉を開けるもの……ではない！
- ㉙ **米国の壁** …………… 86
  トランプ大統領の公約から現実へ
- ㉚ **朝鮮半島** …………… 88
  世界で最も重武装された地域
- ㉛ **西サハラ** …………… 90
  砂の壁
- ㉜ **カシミール** …………… 92
  世界で最も高い場所にある有刺鉄線
- ㉝ **キプロス** …………… 94
  今も分断された島
- ㉞ **世界の壁** …………… 96
  ますます増える障壁

IV
特殊な国境
98

- ㉟ グアンタナモ ……………… 104
  キューバの中の米国
- ㊱ クーチビハール ……………… 106
  世界一複雑だった国境
- ㊲ バールレの飛び地 ……………… 108
  ベルギーとオランダの複雑な関係
- ㊳ 変わった国境（1）……………… 110
- ㊴ 変わった国境（2）……………… 112
- ㊵ さまざまな記録を持つ国境 ……………… 114
- ㊶ 日付変更線 ……………… 116
  大きな時差……
- ㊷ 南極大陸 ……………… 118
  魅力的な極地
- ㊸ 内陸国 ……………… 120
  海から離れて……
- ㊹ 国家とは何か？……………… 121
  さまざまなカテゴリー
- ㊺ 5つの占有形態 ……………… 122

V
国境紛争
124

- ㊻ 国境紛争 ……………… 128
  対立する近隣諸国
- ㊼ アフリカの角 ……………… 130
  バルカン化するのか？
- ㊽ スーダン ……………… 132
  すでに論争の的となっている新たな国境
- ㊾ サヘル ……………… 134
  砂漠の仮想国境
- ㊿ ヨルダン川西岸地区 ……………… 136
  係争中のルート
- 51 パレスチナ ……………… 138
  あやふやな国
- 52 ガザ ……………… 140
  2023年10月7日の衝撃
- 53 エルサレムのフェンス ……………… 142
  安全保障から併合へ？
- 54 エルサレム旧市街 ……………… 144
  あまりにも神聖な地域
- 55 ゴラン高原 ……………… 146
  国境が複雑に交わる地
- 56 旧ユーゴスラビアの国境 ……………… 148
  分裂の傷跡
- 57 ガイアナ ……………… 150
  ベネズエラの野望

VI
帝国の進撃
152

⑤⑧ **トルコとその周辺** 156
野心に満ちた国

⑤⑨ **ナゴルノ・カラバフ共和国** 158
飛び地の誕生と消滅

⑥⓪ **帝国の誕生** 160
ノブゴロドからソ連まで

⑥① **キエフ大公国から1991年まで** 162
ウクライナ領土の変遷

⑥② **鉄のカーテンの崩壊** 164
ソビエト世界の領土の分離

⑥③ **ロシア復活** 166
影響力の回復

⑥④ **ウクライナ紛争** 168
ヨーロッパの中心部で再燃する国境問題

⑥⑤ **新たな鉄のカーテン?** 172
フィンランドからウクライナまで

⑥⑥ **世界支配を目論む中国** 174
国境を越えてネットワークを拡大

⑥⑦ **台湾** 176
中国からの圧力

エピローグ
国境の明るい未来
179

⑥⑧ **新型コロナウイルス感染症** 182
ウイルスに国境はない

⑥⑨ **閉鎖された惑星** 184
閉じこもる国

⑦⓪ **未来のヨーロッパ** 186
独立の夢

⑦① **アルプス** 188
融解する氷河が引き起こす国境問題

用語解説
190

57の「境界線」
192

「国境」名言集
194

参考文献
197

CONTENTS

はじめに
国境の偉大な復活

ここ15年ほどの間、国境は再び注目を集めている。ユーロ危機、テロ、移民や難民、ロシアの周辺地域での紛争、中東での戦争、アジアでの緊張、パンデミックなど、国境がこれほどまでにニュースで取り上げられることは滅多にない。それどころか、国境をテーマにしたテレビドラマも登場している。スウェーデンのテレビドラマ『The Bridge/ブリッジ』（2011年）はフランスや英国、米国、韓国、アルゼンチンなどでリメイクされている。国境は現代の地政学の中心的テーマだ。

国境とは？

それは、線または空間による地理上の境界であり、人間が形成する2つの集団間の関係を反映したものだ。軍事的または外交的な力関係にとどまらず、伝統や良好な隣人関係も反映している。ある意味では地理に刻まれた歴史であり、「空間に刻まれた時間」（ミシェル・フーシェ）、「政治的等圧線」（ジャーク・アンセル）でもある。境界は、地域のこともあれば線のことも点のこともある。地域の境界とは征服された地帯や空間だ。線状の境界は2つの空間を隔てる。そして点状の境界には、例えば空港などがある。

本書が主として取り上げるのは、基本的には国家間に存在する、陸上および海上の空間上の境界に限定している。現代の国境は、ウェストファリア条約（1648年）に端を発する近代国家と切り離せない。理論上、国境は、その国家の領土管轄権が及ばなくなる場所に位置する。したがって、それは何よりもまず国際法の概念であり、国際司法裁判所は「主権と権利がそれぞれ行使される空間が交わる正確な境界線」と定義している。それは国家の範囲を規定するものであり、他国との接触面でもあり、国を包む目に見えない膜でもある。

フランスの地理学者、ミシェル・フーシェの言う「ホロジェネシス」すなわち国境の画定は、どのようにして行われるのか。多くの場合、血が流される。植民地の独立を考慮に入れなくても、100を超える国境が戦争によって画定されている。フランス語で国境を意味する「フロンティエール」は「フロント（前線）」に由来する。平和的に定められた国境は50ほどに過ぎない。1920年にはドイツとデンマーク間の国境が国民投票によって画定されたが、これは極めてまれな例だ。

そもそも国境は、住民を守ったり、軍隊と一般市民を隔てたり、領土を分割したりするために築かれてきた。それは以下に挙げる歴史的な事例が示している。(1)リメス、すなわちゲルマン人の侵入を防ぐために、古代ローマ帝国によってライン川の片岸に沿って築かれた防塞システム。(2)列強による植民地化をめぐる対立収拾の結果として決められたアフリカ大陸を分割する国境（1884年のベルリン会議）、(3)1950年の対立を機に設けられ、1つの国を2つの政治体制に隔てることになった朝鮮半島間の軍事境界線（地図30を参照）。

より正確に言えば、国境は以下のような状況で画定される。(1)国家間の通常戦争の結果、つまり講和条約または降伏（休戦または、それが不可能な場合は、事実上の国境のみを定める停戦）、(2)領土拡張（併合）または帝国主義的拡張（分割）、(3)独立（脱植民地化または分離）、(4)善隣関係。その場合国境が示すのは往々にして両国の権利、つまり土地の所有権、(5)国際仲裁。

国境は国と国とを隔てることはあっても、

1世紀末
ライン川沿いに築かれたリメス

ワハーン回廊

アフリカの植民地国境
（1884年）

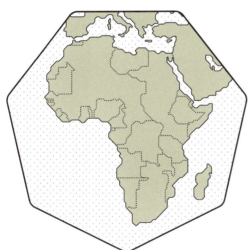

チャーチルのしゃっくり

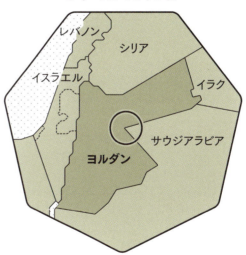

> そもそも国境は、住民を守ったり、軍隊と一般市民を隔てたり、領土を分割したりするために築かれてきた

民族を明確に隔てることはまずない。これは、第一次世界大戦後にウッドロウ・ウィルソン米国大統領が望んだこととは相反する。1919年に行われた戦勝国による領土分割（パリ講和会議）を見れば、国境を画定する際には、経済的利益（炭鉱、海へのアクセス）、戦略上の必要性（領土防衛能力）、民族または国家の統一、歴史的伝統など、多様な要素が考慮されることが分かるだろう。

海上国境については、陸地からの距離という恣意的な基準で定義されるだけでなく、地質学（大陸棚）や水文学に基づいて定義されることもある。

植民地時代には、英国とフランスという大国が国境の画定に力を発揮していた。その際、前者は防衛、後者は行政を優先した。英国人であるケドルストンの初代カーゾン侯爵ジョージ・カーゾンは、間違いなく最長の国境線（9600キロ）の「立案者」だ。1990年には、現存する陸上国境の半分以上が植民地時代に画定されたものだった。大国によって画定されたこれらの「外圧的」または「政治的」な国境は、ときに奇怪な線を描くことがあった。植民地間の接触を防いだり（ナミビアのカプリビ回廊やアフガニスタンのワハーン回廊）、人々を分断したり（イスラエルのガリラヤの指）するためだった。こうした幾何学的な形（国境確定の際、チャーチルが「しゃっくり」をしていたせいで過度にジグザグになったと言われる、トランスヨルダンの東の国境なども）の合理性については、のちに疑問の声もあがっている。

「自然」国境と「人為」国境

いわゆる「自然」の国境は、世界全体の約55％を占めている。これらは、河川や水域の中央（水文学的根拠、30％）や、山脈や渓谷（地形学的根拠、25％）にある。稜線や分水嶺、谷底線（河川または谷の最も低い地点）が国境を示すことも多い。長い間、砂漠や森林や湿地は越えるのが困難だったことから、自然の国境と考えられてきた。しかし、こうした考えはもはや通用しないうえに、これらはそもそも線ではなく、空間なのだ。

対して全体の45％を占める人為国境は、北米やアフリカでよく見られるように、直線であることが多い（25％）。経線や緯線に沿って画定されている場合も多く、このような国境は「天文測量による国境」と呼ばれる。

自然の国境は「科学的」（特定が可能で権利も主張できる）だという声もあるが、本当にそうだろうか。この考え方には議論の余地がある。確かに、山や川といった国境は権利を主張しやすい。だが、なぜこれが21世紀において不可欠な基準となるべきなのか。また、山脈が2つの国を隔てている場合、自然の国境は尾根なのか、それとも分水嶺なのか。さらに、後者の場合であっても、タイとカンボジアの国境紛争に見られるように、その決定は容易ではない。一方、川や湖は特定が簡単なため、紛争は避けられるかもしれない（「これほど自然な国境はない」とはカーゾン卿の弁だ）。だが、水路は人々を分断するというよりもむしろ結びつけるものだ。その場合、どこに線を引くべきなのか。河岸か、浅瀬の中央か、谷沿いか。中国とロシアは、2444の島の領有を決めるのに40年も要している。言うまでもなく、川の流れは変わることもある。リオグランデ川がそうなった際、開削によって生じた土地の領有（1967年まではメキシコ領）をめぐって、米国とメキシコはほぼ1世紀にわたる紛争に巻き込まれた。オーストリアとイタリアは、流域の変化を踏まえて「可動式の国境」という概念を用いた。一方でドナウ川の流域の変化は、クロアチアとセルビアの領土紛争の火種となっている。

「自然」の国境はいつでも画定できるわけではない。すべての国に川や湖、山があるわけではないからだ。米国とカナダの間やアラビア半島、ロシア南部ではどうすればいいだろうか。

こうしたいわゆる「自然」な国境が、必ずしも最も複雑で、恣意的で、不公平で、論争の的となるわけではない。アフガニスタンとパキスタンの山岳国境はパシュトゥーン人の居住地を分断した。ピレネー山脈はバスク人とカタルーニャ人を分断している。ウラル山脈をヨーロッパの東の境界線と考えることは、歴史的にも民族的にも現実的ではない。また、ヨーロッパ大陸の南の国境がボスポラス海峡とダーダネルス海峡にあると考える理由もない。どちらの海峡も両岸がトルコ領であるため、なおさらだ。ライン川、オーデル川、ナイセ川はそれぞれ、ヨーロッパの歴史において最も論争の的となってきた国境だ。何よりも、同じ国境の中で人々を論理的かつ議論の余地なく統合しようとすることは、人々の

生活の場を無視することになる。

　逆に、いわゆる人為的な国境は、単純で、首尾一貫していて、公平で、平和的なものになりうる。サハラ砂漠の真ん中に引かれた直線が、米国とカナダの長い国境線ほど論争の的になることはない。トゥアレグ族にとっては、サハラ砂漠は長い間「事実上のシェンゲン圏」であった。また、アフリカ、中東、アジアなどの植民地の国境が、政治的・民族的現実を常に無視していたわけでもない。イラクはかつてのオスマン帝国の州から構成されている。この地域の国境のうち、1916年のサイクス・ピコ協定に由来するものはわずか700キロしかない。イランとイラクの国境画定は1639年に、イランとトルコの国境画定は1514年にさかのぼる。「アフリカの国境が人為的である」という議論は植民地時代に端を発しており、アフリカの人々はこの国境をよしとしていない。とはいえ、かつての植民地であった国々が率先して、経済的利益や人々の分断を目的として、当時と同じように「人為的」な国境線を引いているのも事実だ（モロッコと西サハラの国境）。もちろん、特定の人々、国家、民族集団、言語集団を他の集団から明確に隔てる線を引くことは不可能だ。したがって、すべての国境は、ある程度恣意的なものとなる。

　自然な国境という概念には別の意味もある。それは、意図した政治的なプロジェクトであり、達成すべき理想だ。山と川に囲まれたフランスは、常にこの概念を受け入れてきた。古代ローマの属領ガリアの「自然」の国境について初めて言及したのはユリウス・カエサルだ。イデオロギーとしてならば、リシュリューにまでさかのぼることができる。ダントンは国民公会で次のように述べている。「フランスは自然の国境に囲まれている。我々は地平線の四隅から、ライン川側、海側、アルプス側へとその国境を押し広げるのだ」。その後、政治的な国境は、アルザス=ロレーヌの割譲に見られるように、言語共同体にも基づいて画定されるようになっていった。この自然な政治的国境という考え方は、拡張主義や帝国主義（国境そのものが領土を守れるように設定されたケースが多かった）、さらには脱植民地化運動（ウッドロウ・ウィルソンが提唱した「国家の境界」）をも助長していった。しかし、普遍主義の伝統を掲げ、「国境なき世界」を提唱したのもフランスだった。

　「要するに、すべての国境は人によって定義されるという意味で人為的なものであり、それゆえに恣意的だ。またそれは、歴史が残

> いわゆる人為的な国境は、単純で、首尾一貫していて、公平で、平和的なものになりうる

した傷跡でもある」（フランソワ・テレ）。「自然は、自らが作ったと非難される国境について、まったくの無実である」（ピエール・ラルース*1）。「すべての国境は人間が作ったものであり、したがって人為的なものである」（リチャード・ハーツホーン*2）。「地形や河川にはある種の誘導力があり、境界線となることを暗示する。しかし、真の意味で国境となることができるのは、正式な法的行為によってのみであり、法的行為こそ、自然界の偶然を法の規則に書き換える唯一の方法である」（レジス・ドゥブレ*3）。「絶対的な意味でよい国境など存在しない。ましてや理想的な国境などありえない。現実の国境は、ある歴史的瞬間において、両国が対等に正当と認めているか、あるいは、一方の国が他方よりも政治的、戦略的、経済的に有利となるようなものである」（ミシェル・フーシェ）

*1 フランスの教育者
*2 米国の地理学者
*3 フランスの作家

I
受け継がれた国境

国境には歴史が刻み込まれている。戦争の歴史、外交の歴史、植民地主義の歴史、そしてもちろん、古代の文化的差異の歴史が刻まれることもある。国境は常に変化している。1990年以降、国家は増え続け、それに伴って、国境も増加している。

受け継がれた国境

古代において、国境は明確な線というよりもむしろ、空間を隔てる曖昧な領域であることが多かった。そして帝国の国境は、範囲や「境界地域」（もともとはカロリング帝国*1の領地を指すために用いられた言葉）と言われていた。したがって、スペイン語の国境が指していたのは、敵の領土における前線の軍事拠点だった。標識（石碑、道標、石など）は支配の象徴ではあったが、境界を示すものではなかった。ローマの城壁や中国の万里の長城は、軍事的防壁や関税の障壁としては機能していたが、（時に人々を隔てることはあったものの）必ずしも「彼ら」と「私たち」、「異教徒」と文明人の間の空間を隔てていたわけではない。しかしながら、境界による領土の支配は一律ではなく、段階があった。例えば、古代中国には、王領、君主領、行政管轄領、同盟関係にある異教徒領、そして最後に未開人領が存在した。

そんな古代における、一方的に押しつけられた境界の概念の一例が、ローマ帝国のリメス（領土の境界を意味する測量用語）だ。それは連続してもいなければ、一様でもなかった。北方（ハドリアヌスの長城とアントニヌスの長城）は、征服の終わりを意味する閉じたリメスだった。ライン川とドナウ川の間では、支流のマイン川に沿って土塁と堀と物見櫓からなる見事なリメスが延びていた。これがアフリカになると、リメスというよりもむしろ、砂漠の端に沿って不連続に走る開放的な道路と壁といった感じだった。

自らの領土を定めるには、それなりの証明が必要だ。かつてほとんどの国は住民が散在していて人口も少なく、移動しようにも土地の自然な起伏に妨げられることもよくあった。イスラムの伝統では、「イスラムの家」の外側に広がる境界は一時的なものであり、「イスラムの家」の内側に存在する国境も正当なものとは見なしていない。中国の伝統では、中国が定めたものだけが正当な国境だった。

近代国境の形成

私たちが知る国境の形成は、実は近代世界の出現と関連している。それは17世紀に始まった。ウェストファーレン条約（1648年）に基づき、帝国間での交渉によって最初の国境が画定された。それがピレネー条約（1659年）によるフランスの領土獲得だ。そして、国家間における近代的な国境画定は、

> 国境の形成は、実は近代世界の出現と関連している

ロシアとトルコの国境においてなされた。国境と同時に発展したのが近代的な地図の作成技術だ。より正確な地図が作成できれば、より正確な境界線が引ける。当時、国境によってさまざまなものの流入を管理することは可能だったが（特に感染症の流行時）、その主たる意図は、国家領土からの出国を管理することであり、国民が徴兵や課税から逃れることを防ぐのが目的だった。

しかし、帝政期には、国境という概念は依然として征服すべき空間（英国と米国の国境）や「緩衝地帯」、すなわち1888年の英国とゴールドコースト*2間の中立地帯、1893年のフランスとシャム*3間の非武装地帯などを指していた。当時、地理学者フリードリヒ・ラッツェルは次のように述べている。「国境地帯は現実であり、国境線は抽象概念である」

*1 8世紀から10世紀にかけて現在のフランスを中心に存在した王朝
*2 現在のガーナ
*3 現在のタイ

1800年以前に定められた国境はわずかしか存在しない。これらの古い国境のほとんどはヨーロッパにあるが、ロシアと中国の間を流れるアムール川もまた、こうした古くからある国境の1つだ。東南アジアやラテンアメリカなどで見られるように、現代の国境がいにしえの国境を踏襲している場合もある。

　19世紀半ばから第一次世界大戦後にかけて、国家の建設と並行して全世界が分割され、1875年から1924年の間に陸地の国境の半分以上が画定された。ほぼ同時に、米国（1890年）とロシア（1860年）は、それぞれの広大な領土の「征服」を完了。国境は、伝統的な機能、すなわち領土防衛、税徴収、関税、行政、公共秩序などを担うようになった。1914年には24カ国だった国際連盟加盟国も、1920年には48カ国となり、1945年に発足した国際連合の加盟国は51カ国、そして2024年には193カ国となっている。1945年以降、国境は爆発的に増えた。帝国が崩壊し、東側諸国の独立が続いた。1989年以降、数にして48、距離にして約3万キロの新たな国境が画定された。現在の国境の10％以上は1990年以降に画定されたものだ。

仮想国境

　文化的な境界（言語、宗教、「文明」など）が国境と重なることはほとんどないが、人々の心の中には存在しているかもしれない。法的な境界は、必ずしも文化的な観点から正当なものとは限らない。

　1945年から1990年にかけて、東西の分断に加えて、南北の分断（先進国／発展途上国）もしばしば取り沙汰された。しかし、南北に関しては地理的に明確な境界線を引くことは困難だった。冷戦後、この種の新たな分断の考え方が提起されたが、豊かな「西」が貧しい「南」を包囲するという考え方は、あまりにも大ざっぱで、適切ではない。

　主要な文化圏の間に境界線を引くことは可能だろうか。主要な宗教圏の境界線が、かつての帝国間の国境（ライン川、ドナウ川など）をそのまま引き継いでいる場合はあるものの、「東」と「西」という概念は、純粋に慣習的なもの（ローマ帝国、キリスト教会）以外の区別を受けたことは一度もない。では、アジアの始まりはどこか。恣意的な境界線はウラル山脈とボスポラス海峡だ（インダス川のほうが説得力はあるが）。「近東」はフランスにおける概念だ。「中東」は英国の概念で、「マシュリク（東方）」よりも広い。「マシュリク」とは、肥沃な三日月地帯の国々をひとまとめにした、アラブ文明の中心をなしている地を指し、「マグレブ（西方）」の対極に当たる。「大中東」という概念は、かつて米国が提唱したもので、大西洋岸からインドまでという広範囲に及んでいた。

　サイバー空間の国境は、本質的に仮想の存在だ。ある国においてインターネットへのアクセスを完全に遮断することは困難だが、中国が行っているように国外とつながる光フ

ポーランドとドイツの国境の変遷

ァイバーケーブルへのアクセスを制御することで、これを減らすことはできる。

現代の国境

今日、2国間を隔てる陸上国境は315あり、その総延長距離は26万1500キロに及ぶ。最新の国境は南スーダンの国境だ。これに、確定・未確定にかかわらず、海上国境を加えると、世界中の国境の総数は約750になる。ほとんどの国は複数の国と国境を接しており、1つの国としか接していない国はわずかしかない。例えばアイルランド（英国と）、レソト（南アフリカと）、モナコ（フランスと）、サンマリノ（イタリアと）、バチカン（イタリアと）などだ。

今日、新たな陸上国境が引かれることはほとんどない。なぜなら、まず第1に、もはや地図上に「空白地帯」が存在しないからだ（ただし、数多くの領有権主張の対象となっている南極大陸は例外だ）。ポール・バレリー*4は「有限の世界の時代が始まった」と述べている。第2の理由は、新たな行動基準が課されたからだ。国境は一国のみの思惑によってではなく、複数の国の合議により画定される。もはや領土が武力によって分配されることはなくなった。かつての領土分配は戦争によるものが80％を超えていたが、1945年以降は30％にとどまっている。1939年以来、幾度となく変更されてきたドイツとポーランドの国境も、現在では安定している。

ハンガリーをはじめとするヨーロッパでも、人々は心の中に依然として民族統一主義を抱いているが、その実現はもはや難しい。1970年代半ば以降、武力による併合は非常にまれだ。1980年代には14件、1990年代には10件、2000年代には2件、そして2010年代にもわずか2件（2010年のコスタリカ領カレロ島の占領、2014年のクリミア併合）だった。今、あえて武力併合などすれば、武力による応酬（フォークランド紛争、クウェート）か政治的非難（コーカサス、クリミア、ドンバス）を受けるリスクを負うことになる。その代わり、占領地域（コーカサスやウクライナにおけるロシア）ではパスポートが配布されることもある。少なくとも1つの国家によって占領されていると考えられる地域は12カ所ほどにも及ぶ。

現代の国際法における2つの基本原則は、国境の不可侵と領土保全である。これらは混同されることが多いが、前者は一般的に許可なく国境を越えることを禁じ、後者は他国の領土を侵害することを禁じている。

第3の基本原則は、国境の無形性であり、これは規則というよりも慣習だ。ラテン語の表現「uti possidatis, ita possideatis（所有しているものは、所有し続けられる）」に集約されるこの原則は、脱植民地化、より具体的には19世紀初頭のラテンアメリカの独立にまでさかのぼる。つまり、いかに不公平で不完全であっても、国境は現状維持されるのが望ましいという考え方だ。モンテスキューは「おののく手で触れるだけにとどめよ」と述べている。

この原則は、不変性や国境変更の禁止と混同されるべきものではないが、アフリカ統一機構憲章（ソマリアは拒否したが、モロッコは留保付きで受け入れた）やさまざまな国際協定に明記されている。国際司法裁判所は、持ち込まれた紛争に対して、おおむね帝国時代の国境を支持してきた。1989年以降に引かれた国境（分離、独立、離脱）がすべて既存のルート（行政区分）に基づいているのも、このためだ。これは時に問題を引き起こす（例えば、コソボのセルビア系少数民族）。しかし、それは最も合意が得られやすい選択でもあり、紛争の火種となる可能性も最も低い。一方、地方の区分が明確に定められていない場合、紛争が勃発する可能性がある。アフリカで不可侵の国境を画定しようとした2つの試み（エチオピア／エリトリア、スーダン／南スーダン）が流血の紛争に発展した理由の1つはそこにある。

ただし、条約法の観点から言えば、国境問題は例外であることも指摘しておくべきだ。ウィーン条約（1969年）が規定する条約法の基本は、「rebus sic stantibus（事情変更の原則）」だ。つまりこの条約は、あらゆる契約と同様、締結に至った状況が変化しないかぎり有効と見なされる。この原則は今も生きているが、条約の第62条2項には、「国境を定める条約に関する場合、状況の根本的な変化は、条約の終了または脱退の理由として主張することはできない」と記載されている。

結局のところ、「国境が国境を生む」とも言える。時間がたつほど、既存の国境は受け入れられるようになる。

現代は明らかに国境を整備する段階にある。国境は、おおむね地形によって画定される（大まかなルートに関する合意）。また一般的には、正確な測地座標（GPS）の助けを借

> 現代の国際法における
> 2つの基本原則は、
> 国境の不可侵と領土保全

*4 フランスの作家

りて（標識やフェンスなどを用いて物理的に明示した上で）境界が定められ、（監視したり、フェンスや壁を建設したりすることで）防衛される。「これほどまでに交渉し、画定し、明示し、装備し、監視し、パトロールしたことはかつてなかった」（ミシェル・フーシェ）。特に脱植民地化から引き継がれた国境がしばしば曖昧であったことは事実だ。今世紀初頭以降、多くの国境紛争が解決され、多くの国境が画定されてきた。時には、法的仲裁に頼ることもある（アフリカは特に国際司法裁判所、常設仲裁裁判所、臨時法廷に頼ることが多い）。原則として、国境の画定は国連憲章第102条に基づき、国連に申告しなければならない。

実際、国境は常に修正されている。2007年には、1991年から事実上ロシアが占領していた狭い土地（ラトビア語ではアブレネ、ロシア語ではピタロバ）が、正式にロシアに併合された。2016年には、エジプトがティラン海峡の島々（ティラン、サナフィル）をサウジアラビアに割譲した。同年、ベルギーとオランダは領土を交換した。

地理学者、法律家、測量士は、今後もずっと仕事に追われることになるだろう。特に、最長の国境（8万3500キロ）を持つ大陸であるアフリカでは、国境のほぼ3分の2が曖昧（3分の1）のままか、目下画定作業中（3分の1、アフリカ連合の支援の下で進行しているプログラム）だ。こうした国境管理強化の動きは、人の流れ（移民、貿易）やリスク（密輸、テロ、伝染病、脱税）の増加によるものだが、国家の近代化や技術の進歩、すなわち観測や監視（衛星、ドローン、カメラなど）、測定（国境画定用のレーザー）、シミュレーション（コンピューター・モデリング）など、国境管理を容易にする技術の進歩によるものでもある。さらに、地域組織は国境問題を解決していない国家を歓迎しない傾向がある。国境の画定は必ずしも容易ではない。牧畜民の慣習と衝突する場合もあれば、河川の自然な流れによって複雑になる場合もある。

各国家の主権は現在、ほぼあらゆる場所に及んでおり、治外法権区域は非常にまれだ。一般に信じられていることとは逆に、大使館は所在する国家の領土の一部だ。自由貿易地域や国際空港地域（保税地域、トランジット地域、待機地域など）もしかり。航空機や船舶の場合は、より複雑になる。ある国の領空を通過する場合は、その国の法律に従うが（一定の特権が認められる）、国際空域を通過する場合は、航空機の登録国の法律に従うことになる。

国境は分断するものであると同時に、統合するものでもある。貿易や人口の移動は、交流地点の発展につながる。米国とメキシコの国境には、12の双子都市が点在している（この地域には1300万人の人々が暮らしていて、「テルセラ・ナシオン〈第三の国家〉」または「メクサアメリカ」と呼ばれる）。メキシコ側には、数千の米国企業が移住し、マキラドーラ制度を活用している。さらにこの大陸には三国境地帯もある。アフリカの場合であれば、セネガンビア南部、SKBo地域（マリ、コートジボワール、ブルキナファソ）、ニジェールとナイジェリア国境だ。あるいは、「ピースパーク」と呼ばれる、南アフリカとその近隣諸国との間に作られた国境を越えた自然保護区もある。こうした例は、ヨーロッパ（ポーランドとチェコ）や北アメリカ（カナダと米国）にも存在する。またヨーロッパには「国境

> 国境が国境を生む。
> 時間がたつほど、
> 既存の国境は
> 受け入れられるようになる

を越えた協力地域」が数多く見られる。さらに興味深い例もある。ベルギーのバールレという村には、オランダとの国境をまたいだ店舗が存在し、そのため、それぞれの国の営業時間に合わせて半分だけ開店していることがある。国家レベルでは互いに疑心暗鬼になっていても、地域レベルでは現実的に対応できることがある。エストニアの国道178号線は、一部ロシア領土内を走っている。国道のその部分は自由に通過できるが、ロシア領内に足を踏み入れてはならない。今日でも、国境は線であると同時に空間でもある。国境地域は、契約、貿易、密輸、そして一時的あるいは日常的な移住（国境労働者）の場である。国境は監視と統制の場でもあり（「厚い」国境）、それは無人の地帯や特別な関税上の地位を持つ地帯としての形を取ることもある。伝統的な意味での緩衝地帯の探求は、レバノン南部におけるイスラエルの論理（1982～2000年）、領土外におけるロシアの存在（沿ドニエストル共和国、コーカサス、ウクライナなど）、中国のチベットへの固執、パキスタンのアフガニスタンへの執着を抜きには語れない。こうした論理は、英国の植民地支配から「北西辺境州」（後にカイバル・パクトゥンクワ州と改名）を継承したパキスタンや、アフガニスタンと国境を接する「連邦直轄部族地域」（2018年に州行政に

> 欧州連合（EU）内には
> もはや国境紛争は
> ほとんどない。
> しかし、ヨーロッパの
> 対外国境の問題は、
> 複雑かつ厄介で
> 一筋縄ではいかない

統合）にも見られる。アルジェリアやチュニジアがリビアとの国境で行っているように、政情不安定な国々の隣国もまた、自国の領土に一時的な緩衝地帯を設けるよう努めている。

管理や監視が強化される国境が多い一方で、完全に閉鎖された国境はほとんどない（あるのは、1994年以降のモロッコとアルジェリア、そして現在も続く北朝鮮と韓国など）。また、侵害されたり、越境されたり、紛争の対象となっている国境は一部あるものの、大半は平和的に保たれている。

ヨーロッパの国境

ヨーロッパ大陸には100の国境があり、その総延長はおよそ3万7000キロに及ぶ。その中には、地球上で最も古い国境もいくつか含まれている。アンドラ（1278年9月8日、記録に残る最古の国境）、サンマリノ、スイス、スペインとポルトガル、フランスとスペイン、ノルウェーとスウェーデン、ドイツとチェコなどだ。逆に第一次世界大戦後に確定した国境もある。さらに、東側諸国の独立後に定められた国境もある。将来的には、スコットランドやその他の地域（カタルーニャ）の分離独立や、特定の国々（ベルギー）の分裂が起こった場合に、欧州連合内に新たな国境がつくられ、さらに拡張する可能性がある。

ヨーロッパには国境を巡る2つのユニークな仕組みがある。1つはシェンゲン圏で、圏内にある国どうしは国境での検査をせずに行き来できる。もう1つは欧州国境沿岸警備機関「フロンテックス」および欧州国境監視システム「ユーロサー」で、域外の国に対する警備や国境の管理を行う。

欧州連合内に残る国境紛争はほとんどない。大きなものはジブラルタルをめぐる英国とスペインの対立だ。その他に残る紛争は些細なものばかりだ。英国とアイルランドの間で長年続いていたロッコール島をめぐる紛争は、2014年に解決した。ボーデン湖はドイツ、オーストリア、スイスの国境に位置していながら、三国間で合意された国境はない。だが、それが当事国間で論争の種となることはほとんどない。アルト・アディジェ（南チロル）の問題は、1992年に公式に解決されて以来、ローマとウィーンが関係をこじらせることはほぼなくなっている。スペインとポルトガルは、オリベンサをめぐってはもめているが、両国の関係は良好だ。スロベニアとクロアチアは、ピラン湾の国境画定で合意を目指している。欧州連合が加盟国に対して、加盟前に領土問題の解決を求めていたのは事実だ（ただしキプロスは除く）。内陸国は5カ国（アンドラ、リヒテンシュタイン、サンマリノ、スイス、バチカン）あるが、重大な領土紛争は見られない。2016年のベルギーとオランダの領土交換のように、小規模な国境の変更は頻繁に行われている。一方、連合国外では、ウクライナ領土の併合により国境問題が再燃しているほか、セルビアとコソボが重大な領土交換を検討しており、これがバルカン半島における他の領有権主張への道を開いてしまう可能性がある。

一方、ヨーロッパの対外国境の問題は、複雑かつ厄介で一筋縄ではいかない。

シェンゲン圏、欧州連合（EU）、そしてヨーロッパという思想や概念の間には明確な区別が必要とされる。2024年には、シェンゲン圏は欧州連合加盟25カ国と非加盟4カ国をカバーすることになった。欧州連合の国境は、新たな加盟国の加入に伴い、時とともに拡大し、進化している。だがその境界は曖昧なままだ。論争が続いている地もある。モロッコはスペインの飛び地（スペインの植民地）とペレヒル島の領有権を主張している。また、英国はジブラルタルを領有しているが、スペインとの間で依然として論争が続いている。ギリシャとトルコは海上国境を画定していない。そして何と言っても、キプロスは領土の大部分が占領されたままの状態で欧州連合に加盟している。

いったいどうなっているのだろう。イタリアのランペドゥーサ島、キプロスの排他的経済水域の先端など、加盟国の主な領土の陸上および海上の国境までを欧州連合と定めることはできる。しかし、それでは欧州連合の最外部の地域（1992年時点）である、サンマルタンをはじめとするフランスの海外県、ポルトガルの自治島地域、カナリア諸島の自治共同体が抜け落ちてしまう。対して、キプロスにある英国の基地、英国の王室属領、グリーンランド、その他の加盟国の海外所有地（海外領土）は欧州連合に属さない。その陸の国境は総計1万4000キロにも及ぶ。

欧州連合の国境は今後どこまで広がるの

だろう。欧州国家という概念は条約で明確に規定されてはいない。英国が連合を離脱した一方で、欧州自由貿易連合（EFTA）に加盟しているノルウェー、アイスランド、スイスは、欧州連合への加盟を希望すれば間違いなく受け入れられるだろう。連合の本部があるベルギーから見れば、旧ユーゴスラビアのすべての国がいずれ欧州連合に加盟することは疑いのないことだ。しかしその場合、これらの国々は、いかなる領土の回復計画も放棄しなければならないだろう。欧州連合は、旧ユーゴスラビアの不安定化という危ない橋を渡ってでも、コソボとアルバニアの統合を認めるだろうか。また、バルカン諸国の国境という「パンドラの箱」を再び開けるリスクを冒してでも、コソボ北部の少数民族セルビア人の問題を解決するために、セルビア（主にアルバニア人が住むプレシェボ渓谷）との領土交換を認めるだろうか。

　バルカン半島を越えた地域においても、拡大の限界に関する議論は尽きることがない。ここで、ヨーロッパという概念そのものが問われることになる。

　南側に関しては、状況はかなり単純明快だ。マグレブ諸国がヨーロッパのアイデンティティーを主張することは考えにくいからだ。東側に関しては、それほど単純ではないが、コーカサス地方の南側の国（アルメニア、ジョージア）は、歴史的にも文化的にもヨーロッパ大陸の一部であると一般的に考えられている。また、かつてソビエト社会主義共和国連邦（ソ連）を構成していたベラルーシ、ウクライナ、モルドバといった共和国も、大陸の歴史や文化と密接につながっている。

　本当に複雑なのは、南東部だ。イスタンブールの橋の上で「片足をヨーロッパ、片足をアジア」に置いたポーズで写真を撮る観光客がいても、単純に「ヨーロッパはボスポラス海峡まで」とは言えない。第1に、もしこの定義を受け入れるのであれば、トルコの一部（東トラキア）は疑いなくヨーロッパの一部ということになる。第2に、トルコ領の歴史は、他の大陸の歴史と密接に結びついている。しかし、現代のトルコ文化がトルコ全体をヨーロッパと結びつけることができるだろうか。

　ロシアの問題には、それだけでヨーロッパという概念の曖昧さが集約されている。ロシア自体も常に逡巡している。果たしてロシアはヨーロッパなのか、それともユーラシアなのか。バーツラフ・ハベル*5はかつてこう言った。「ロシアは、自分たちがどこから始まり、どこで終わるのか、本当には分かっていない」。それゆえ、かつては「ヨーロッパのロシア」の境界線を修正しようという試みが何度となく、なされてきた。16世紀に境界線として挙がったのはドン川だ。その後、この境界線は北東のオビ湾まで拡張された。18世紀にはロシア国家の拡大により、この定義は問題となったが、地理学者たちは帝国全体をヨーロッパとして扱うことに難色を示した。1730年、スウェーデンの地理学者フィリップ・ヨハン・フォン・シュトラレンベルクが、恣意的な妥協案としてウラル山脈を提案した。ロシア側も、他の大陸の地域と同様に、ウラル山脈で納得した。今日でも、ロシアのいくつかの道路は「ヨーロッパからアジアへの道」となっている。

　ヨーロッパの国境の定義は1つではない。また地質学的には、ヨーロッパは大陸ではない。ほとんどの国がユーラシアプレート上にあるが、英国、アイスランド、キプロス、マルタはプレートの境に位置している。文化的に見ると、ヨーロッパは境界が不明瞭で曖昧だ。クロアチア人は、自分たちをセルビア人に対するヨーロッパの最東端の砦(とりで)と見なしている。一方セルビア人は、自分たちをアルバニア人やトルコ人に対する最後の砦と見なすことがある。ギリシャ人もこうした考えに無関心ではない。しかし、多くのトルコ人は自分たちをヨーロッパ人だと考えている。歴史的に見ると、ヨーロッパはまず南トラキアであった。その後、トルコ人とタタール人の進出に伴い西ローマ帝国となった。政治的には、欧州評議会の全加盟国（2022年までのロシアと、トルコおよびコーカサス諸国を含む）ではないにしても、少なくとも欧州連合と、それに付随する4つの国家（欧州自由貿易連合）ではある。

フランスの国境

　フランスの海洋領域は特に広大だ。主権（内水、領海）または管轄（排他的経済水域）下にある水域は1010万平方キロで世界第2位、さらに大陸棚は現在（2024年）までに73万平方キロに及ぶ。その結果、フランス

*5 チェコ共和国の初代大統領

> ロシアの問題には、
> それだけで
> ヨーロッパという概念の
> 曖昧さが集約されている。
> ロシア自体も常に
> 逡巡している。果たして
> ロシアはヨーロッパなのか、
> それともユーラシアなのか

はカナダ、ベネズエラ、モザンビークなどを含む32カ国（うち12カ国は陸続き）と国境を接している。これは世界記録だ。フランスの国境の大部分は海上にあるが、一部は山岳地帯（スペイン、イタリア、スイス）や河川地帯（ブラジル、スリナム）にある。また、フランスは領土内のタイムゾーンの数でも世界記録を保持している。フランス最長の国境はブラジルとの国境（730キロ）で、ベルギー（659キロ）がそれに続く。ただし、特殊な状況下に置かれているアデリーランド*6（主権が制限されている）を考慮に入れた場合、最長国境はオーストラリア（直線の二重国境）となる。逆に最短の国境はオランダ（13キロ）とモナコ（4キロ）だ。

フランスの南側の国境は、1278年のパレージュ契約（アンドラ）、1659年のピレネー条約、1868年のバイヨンヌ条約までさかのぼる。1791年までは、アビニョン教皇領である広大な飛び地、コンタ・ベネッサンが領土に含まれていた。1848年から1962年までは、この南側の国境はサハラ砂漠にあった。東側の国境は比較的最近画定されたもので、流動的だ。山岳地帯の国境は、1962年（スイス）、1967年（イタリア）、2012年（ア

＊6 南極大陸東部にある地域

ンドラ）に修正された。英仏海峡トンネルの境界は、1982年に定められた両国の大陸棚の境界線に基づいて、1987年に正確に画定された。フランス領ギアナの国境（フランス最長の陸上国境）は、最近（1956年）になってようやく画定されたばかりであり、現在もその作業は継続中だ。他の国々と同様に、フランスもインフラ（一般道、高速道路、駅、空港）の建設時や、問題の単純化といった実用的な理由から、近隣諸国と領土の交換を定期的に行っている（2000年：ライン川の境界を谷線から中央線に変更。2007年：工業地帯の開発を促進するためのフランスとルクセンブルク間の土地交換）。

太平洋に浮かぶ小さな環礁クリッパートン島は、世界有数の孤島であり、長らくメキシコが領有権を主張していた。だがフランス憲法でも言及されているが、2008年以降、この島は実際にはいかなる海外領土やコミュニティーの一部でもなく、公有地である。「ローマとロレートの貴重なフランス施設」であるビラ・メディチ、エルサレムのフランス領、セントヘレナ島の領地、ムンダのドイツ国境の森などと同じだ。

長年にわたる国境紛争がまだいくつか残っ

> 他の国々と同様に、フランスも近隣諸国と領土の交換を定期的に行っている

ている。漁業権をめぐるフランスとカナダの紛争はよく知られている。サンピエール島・ミクロン島はパリ条約（1763年）によりフランスに返還された。しかし、両国の排他的経済水域の境界画定（1972年）は、2カ所で境界画定の解釈が異なったため、紛争を解決するには至らなかった。マロニ諸島はスリナムと係争中だ。石油資源が豊富なトロメリン島は、モーリシャスとマダガスカルが領有権を主張している。コモロ連合側は、マヨット島がフランス領であることに異議を唱えており、フランスからの独立に際し、マヨット島に対して現状承認の原則を適用しなかったことを非難している。モンブランの山頂はどこの国のものかをめぐるフランスとイタリアの論争というのもある。

1 国境の変遷
増える国家

1800年以前
国民国家の誕生と最初の植民地化
— 1800年以前に画定された現在の国境

1800〜1899年
植民地の拡大
— 1800〜1899年に画定された現在の国境

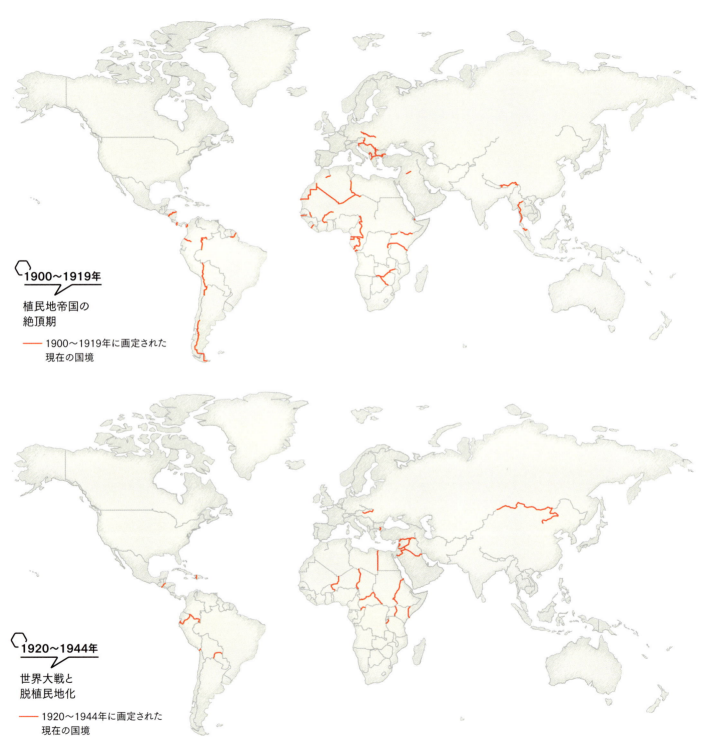

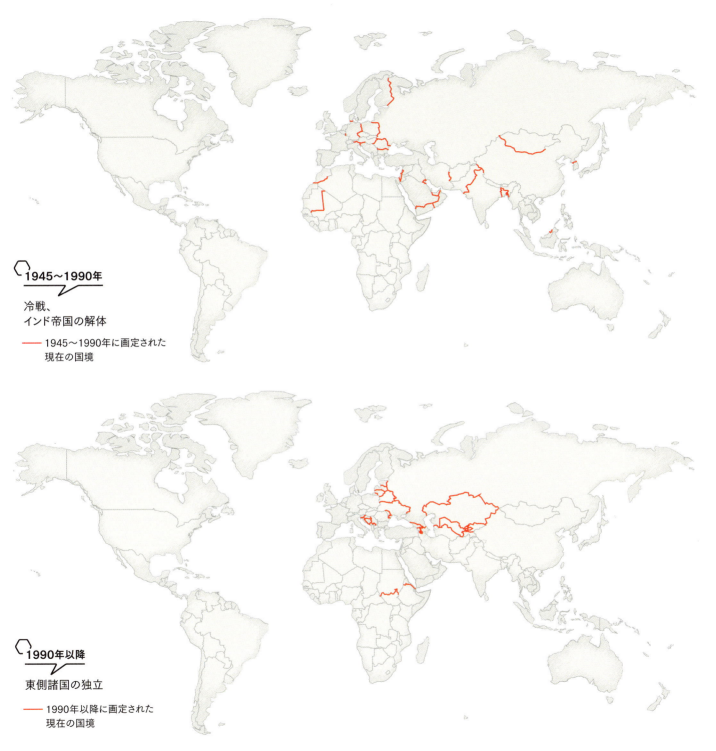

1945〜1990年
冷戦、インド帝国の解体
—— 1945〜1990年に画定された現在の国境

1990年以降
東側諸国の独立
—— 1990年以降に画定された現在の国境

受け継がれた国境　23

② 文明の境界
認識のぶつかり合い

　米国の中東史研究者バーナード・ルイスや政治学者サミュエル・P・ハンチントンが提唱した「文明の衝突」という概念が、どの程度議論されてきたかは周知の通りである。その際、3つの批判が浮上している。1）文明圏という概念自体が疑わしい。2）ハンチントンが提案した境界線は疑わしい。ウクライナ紛争、サウジアラビアとイランの対立、あるいは南北朝鮮間の緊張関係が考慮に入っていない。3）「文明の衝突」という考え方は疑問の余地がある。ハンチントンが、多くの戦争が異なる「文明」の接触地域（アフリカ、バルカン半島、コーカサス、南アジアなど）で起こっていると指摘しているのは間違いではないが、だからといって、こうした紛争が「文明」の紛争になるのだろうか。アフリカでは、北緯10度線は遊牧民と定住農民の大まかな境界線であるが、イスラム教徒が大半を占める住民とアニミズムやキリスト教を信仰する人々との間の境界線でもある。この接触線上では、暴力が特に致命的なものとなる。アルカイダやイスラム国は、大多数の政府とは異なり、文明の戦争という概念を主張し受け入れていて、彼らが再建を望む「カリフ国」の地図を公開している。これらは、現在または過去においてイスラム教徒が多数派を占める地域をほぼすべて表している。

受け継がれた国境　25

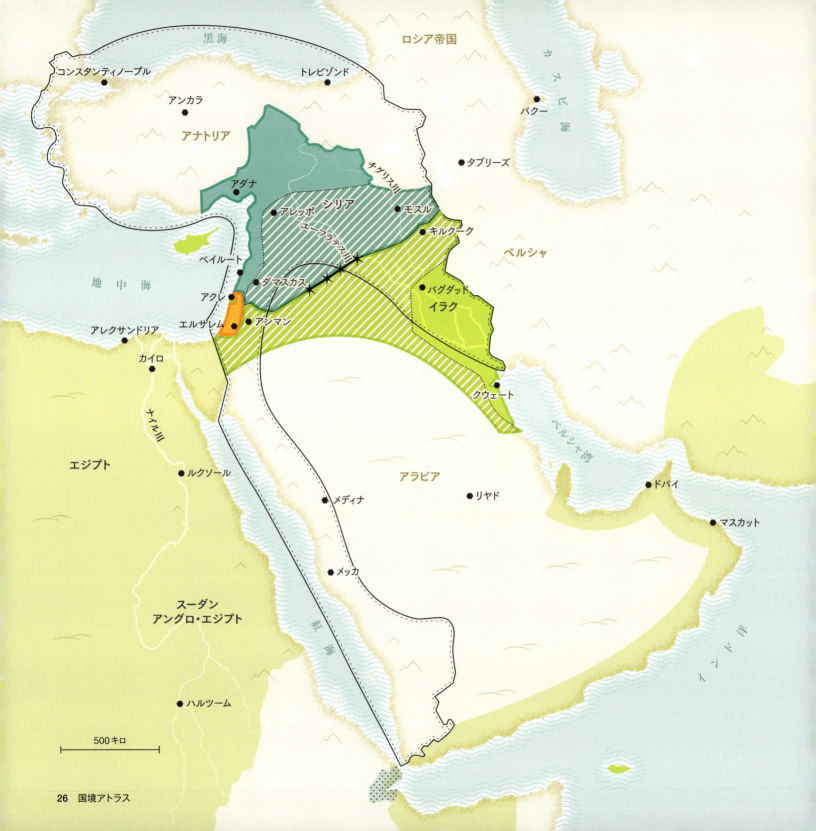

③ サイクス・ピコ協定
勢力範囲の分割

サイクス・ピコ協定によって画定された「国境線」がニュースを賑わせたのは、2014年にイスラム国がシリア・イラク国境を「開放」し、同国の過激派がカメラの前で象徴的にその境界線を物理的に消し去る行為を始めたときだった。しかし、憎むべき植民地支配者たちに対するこうした示威行為は正しくない。1916年、マーク・サイクス卿とフランソワ・ジョルジュ=ピコは、地中海からユーフラテス川までの英国とフランスそれぞれの勢力圏を定義し、その境界線をサン=ジャン・ダクル (Saint-Jean d' Acre) の綴りの最後の「e」からキルクーク (Kirkouk) の綴りの最後の「k」まで、と定めた。慎重を期した前者は、鉛筆で印を残した。しかしこの合意はまったく尊重されず、近東の国境は主にサンレモ会議 (1920年) およびセーブル条約 (1920年) とローザンヌ条約 (1923年) によって画定された。

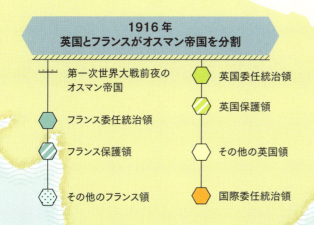

1916年
英国とフランスがオスマン帝国を分割

- 第一次世界大戦前夜のオスマン帝国
- フランス委任統治領
- フランス保護領
- その他のフランス領
- 英国委任統治領
- 英国保護領
- その他の英国領
- 国際委任統治領

★ 2014年のイスラム国による現イラク・シリア国境消去の試み

Sources : Map of Eastern Turkey in Asia, Syria and Western Persia, Royal Geographical Society, 1916.

受け継がれた国境　27

4 南アジアの「国境線」
英国の遺産

英国の植民地支配によって南アジアに引かれた国境線は、世界でも最も微妙な問題をはらむものの1つだ。この地域の国家間の関係が難しい状況にあるため、多くが最近引かれたばかりで、概して対立してもいる国境線の正当性を立証することは容易ではない。ゴールドシュミット裁定（1872年、後に修正）によって画定された国境は、現在ではイランとパキスタンの国境の一部に相当する。アフガニスタンとパキスタンの国境は、抵抗の最も激しかった部族を孤立させる形で画定されたデュアランド線（1893年）にほぼ沿っている。しかし1949年以来、アフガニスタンはデュアランド線の正当性に疑念を呈しており、両国は共通の正確な国境について、合意したことは一度もない。インド・パキスタン間の国境は、グジャラート州とシンド州からパンジャブ州にかけてはラドクリフ線（1947年）に沿っている。チベットと中国を東部で隔てるマクマホン線（1914年）は、アルナーチャル・プラデーシュ州の主権を主張する中国から承認されていない。一方、アクサイチンの領有権を主張しているインドは、実効支配線（ジョンソン線の後継）を基準としている。

大英帝国が引いたアジアの植民地国境

1. 1837年：ロバート・ボアロー・ペンバートン（英国大尉）
2. 1865年：ウィリアム・ジョンソン（英国の測量士）
3. 1871年：フレデリック・ゴールドシュミット卿（英国陸軍大佐）
4. 1893年：モーティマー・デュアランド卿（英国外交官）
5. 1899年：ジョージ・マカートニー卿（英国総領事）とクロード・マクスウェル・マクドナルド卿（英国外交官）
6. 1914年：ヘンリー・マクマホン卿（英国軍人・外交官）
7. 1947年：シリル・ラドクリフ卿（英国の弁護士）

Sources : J. G. Bartholomew, South-Western Asia, The Times, 1922 ; Nigel Dalziel, The Penguin Historical Atlas of the British Empire, Penguin, 2012.

5 冷戦時代のさまざまな「カーテン」
大陸ごとの分断

―――― 分断のカーテン ――――

サボテンのカーテン
キューバ

鉄のカーテン
ヨーロッパ

氷のカーテン
北極

竹のカーテン
アジア

米国同盟国
西側諸国

30　国境アトラス

・・・・・・・戦後のドイツ・・・・・・・

・・・・・世界的な分断・・・・・
1979年

ソ連同盟国
共産圏諸国

Sources : Lawrence Freedman, Atlas de la Guerre froide, Autrement, 2004.

受け継がれた国境　31

⬢6 ヨーロッパにおける古い対立
文化、宗教、政治

　大きな政治的境界線の基盤となった文化的な対立について、歴史を振り返ってみたくなるのは当然だ。すると、確かにいくつかの厄介な類似点が見えてくる。米国の地理学者ソール・B・コーエンは、1945年以降の旧ソ連の勢力圏は、700年頃のヨーロッパにおけるスラブ民族の最大進出地域と一致すると指摘している。同様に、英国の歴史家ウィリアム・ウォレスは、冷戦における西側陣営と東側陣営は、1500年頃の西方キリスト教世界と東方キリスト教世界の境界線とほぼ一致していると指摘した。米国の政治学者サミュエル・P・ハンチントンは、これを「文明の衝突」という自身の説を裏付ける根拠として用いた。東ヨーロッパ諸国の民族間の緊張、1990年代のユーゴスラビア紛争、そして現在のウクライナ紛争は、彼の主張を部分的に裏付けるものとなっているように思われるが、ほとんどの紛争は、彼の言う「文明の境界線」に沿って発生しているわけではない。国境の歴史的決定論は、「自然な」国境という概念と同様に疑わしい。他の歴史的参照点から見ると、異なる見解が得られるだろう。そして、西側諸国の機関（EU、NATO）の拡大は、こうした見方を越えることを目的としている。

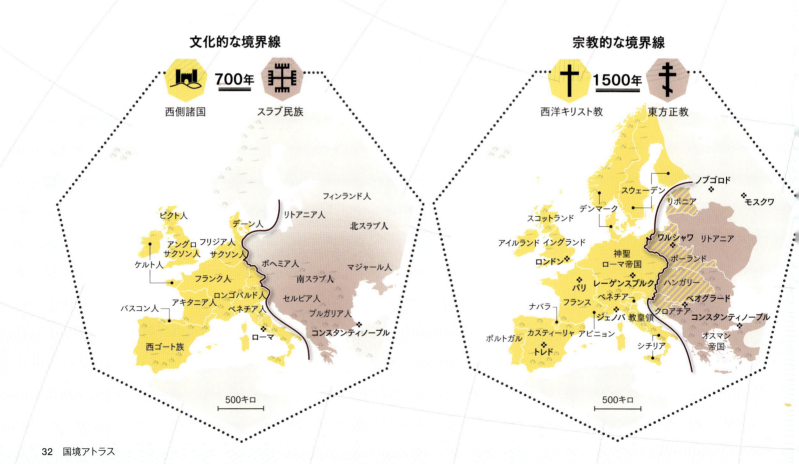

32　国境アトラス

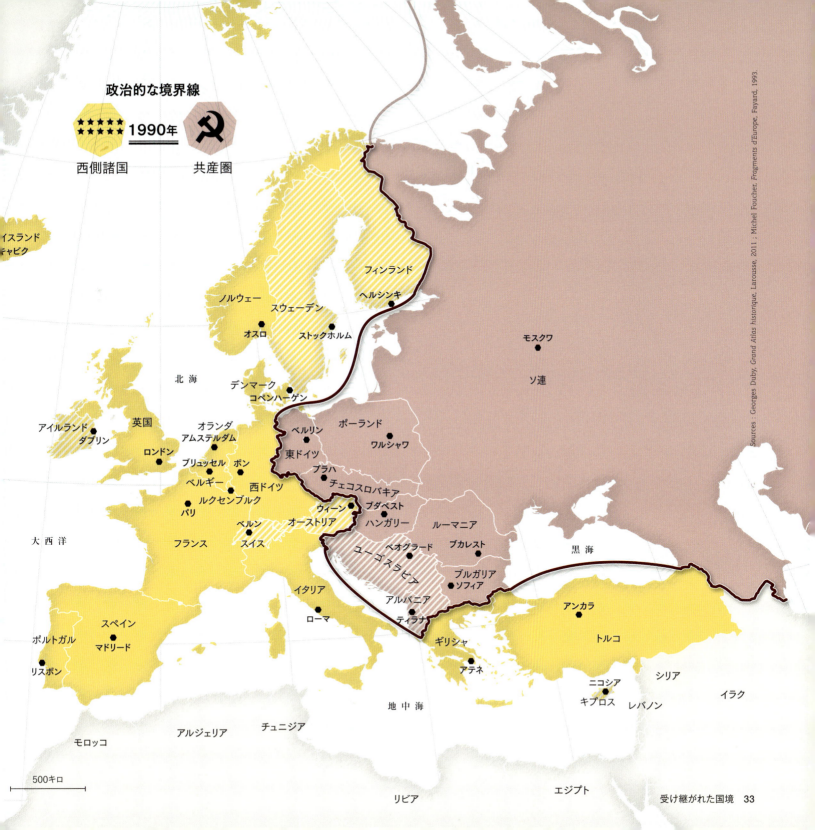

受け継がれた国境　33

7 ヨーロッパの境界線
さまざまな見方

拡大を続ける欧州連合の国境は、時とともに変化している。政治的な境界線は曖昧なままであり、一部は論争の的にもなっている（エーゲ海、キプロス）。そして、連合の最果ての地域も忘れてはならない。地理的な限界はどのあたりになるのか。南側は非常に単純だ。南東側は状況が複雑になってくる。「ヨーロッパはトルコを隔てるボスポラス海峡で終わる」と簡潔に言うことはできない。東側には、歴史的にも文化的にもヨーロッパ大陸の一部である旧ソ連の共和国がある。しかし、ロシアの問題だけとっても、そこにはヨーロッパという概念の曖昧さが集約されている。ロシア自体も常に逡巡している。果たしてロシアはヨーロッパなのか、それともユーラシアなのか。1730年、スウェーデンの地理学者が、ウラル山脈を境界線とするという恣意的な妥協案を提案した。

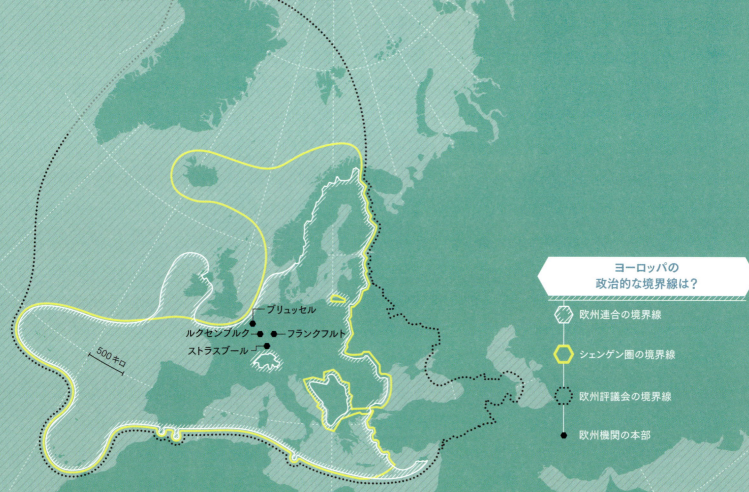

ヨーロッパの政治的な境界線は？
- 欧州連合の境界線
- シェンゲン圏の境界線
- 欧州評議会の境界線
- 欧州機関の本部

34　国境アトラス

9 ヨーロッパの海外領土
世界の中のヨーロッパ

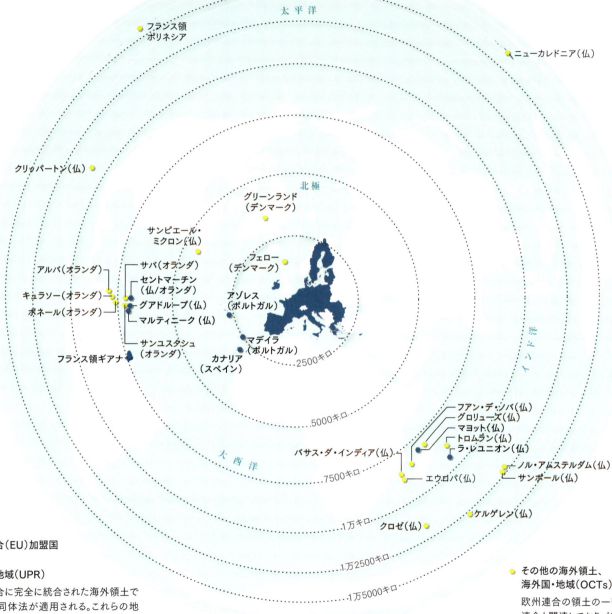

- 欧州連合(EU)加盟国

- 超辺境地域(UPR)
  欧州連合に完全に統合された海外領土であり、共同体法が適用される。これらの地域には450万人が居住しているが、これはヨーロッパの人口の1％にも満たない。

- その他の海外領土、海外国・地域(OCTs)
  欧州連合の領土の一部ではないが、連合と関連しており、加盟国の国籍を持つこれらの国民は、欧州市民権を有し、欧州議会選挙に参加する。

Sources : Union européenne, www.europa.eu ; Pierre Verluise, *Géopolitique des frontières européennes*, Presses universitaires de France, 2013.

受け継がれた国境　37

⑩ 南米の国境問題
紛争、協力、密輸

　南米は、その国境のほとんどを植民地から脱した際のものを引き継いでいる。これまでに生じた数少ない国境紛争の中で、その期間の長さと象徴的な価値において際立っているのは、硝石戦争ともいわれる、南アメリカ大陸の太平洋岸の資源をめぐるボリビア、ペルー、チリの3カ国による太平洋戦争（1879〜1884年）の遺産だ。この戦争により、ボリビアとパラグアイは太平洋岸への通路となる河川を失い、南米大陸における内陸国となった。また、ペルーとチリの国境も変更された。2014年には、国際司法裁判所（ICJ）がペルーに有利な形で、この2カ国間の海上国境を再画定した。そして2018年には、同裁判所によってボリビアに不利な判決が下され、同国の海へのアクセスという夢は打ち砕かれた。大陸の国境の多くは曖昧だ。2つのまったく異なる例がある。(1)「ポルトニョール語」が話される三国にまたがる都市地域である三国境地帯。交通の要衝であると同時に密輸の中心地でもあり、まさにグローバリゼーションのグレーゾーンだ。(2) フランス領ギアナの国境。東西（河川）は明確に定められているが、南側はそれほどでもなく、スリナムとの間で論争の的となっている。管理が不十分なため、密輸や不法移民を助長している。

❶ スリナム−ブラジル
フランスとその近隣諸国

- 密林
- 河川国境
- 南の国境：1900年に理論上の国境が画定された
- 1960年代にフランスとブラジルの使節団が森林の真ん中に境界を示すために設置した国境標識
- フランスを経由してヨーロッパとブラジルを結ぶオヤポック橋
- フランスが管理しているが、スリナムが領有権を主張している領土

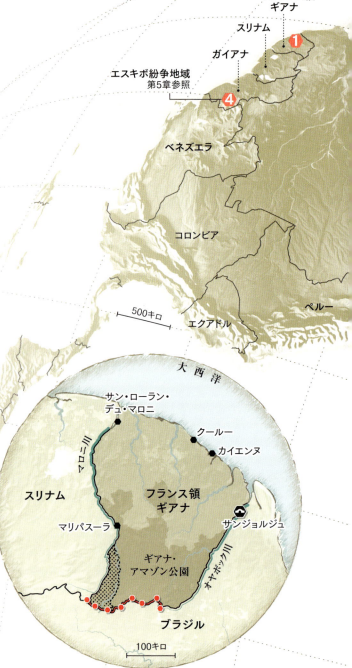

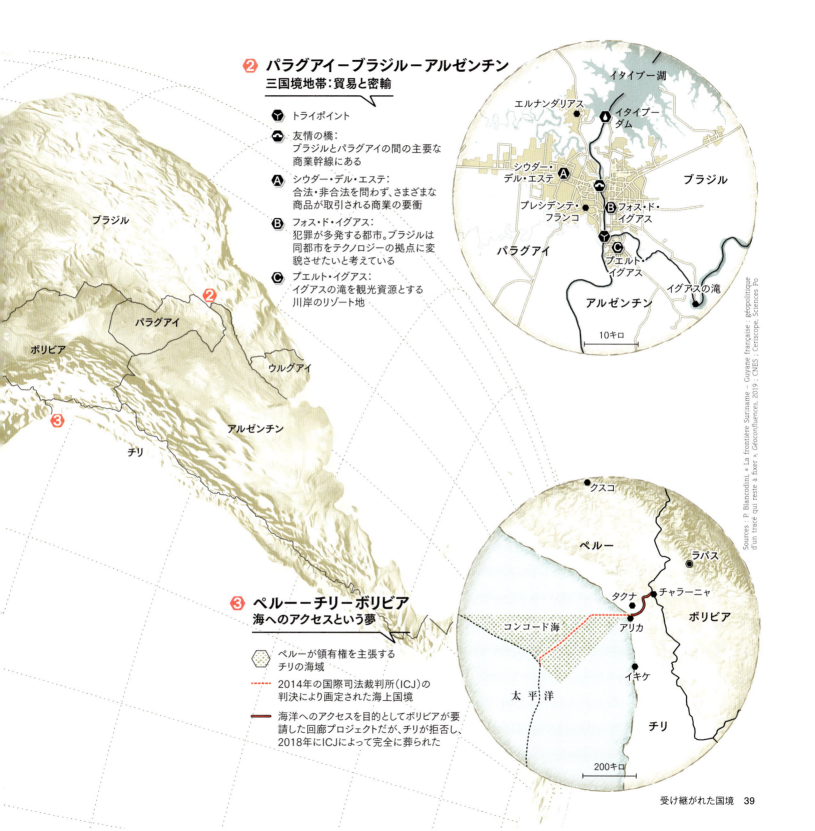

II
海と国境

海、大洋、河川、小川は最も一般的な「自然の」国境だが、その国境を画定することは容易ではなく、紛争も少なくない。

海と国境

　ある国家の陸上の国境が容易に認識できるとして、その境界線の「上」「下」そして「横」はどこにあるのだろうか。

　空の国境は陸の国境に対応するものと考えられている（ただし、航空管制の境界は異なり、国際協定の対象となっている）。しかし、その上限はこれまで定義されたことがない。論理的な基準点は、空域と宇宙空間の従来の境界であるカーマン・ライン（海抜100キロ）だ。

　国家の地下は当該国家に属するが、国境を越える地下資源（油田やガス田、帯水層）の開発は近隣諸国間の紛争の対象となる可能性がある。南米の巨大なグアラニ帯水層の開発は、関係諸国間の協定（2010年）の対象となっている。

　陸上の国境とは対照的に、海上の国境は依然として確定していないところが多い。450あるとされる国境のうち、画定されているものは約180、つまり全体の40％に過ぎない。

　これらの国境は、特に北極、地中海、アジアにおいて、ますます論争の的となっている。海域における経済的な問題（輸送、資源：漁業、炭化水素、鉱物）が増加していることは事実だ。また海上では、陸上よりも容易にナショナリズムを主張することができる。特に、東南アジア（南シナ海）と北東アジア（中国および朝鮮半島周辺）では、事件が数多く発生している。北に目をやれば、カナダとロシアは自国の「基線」（低潮線）を自国から遠く離れた場所に定めている。

　何世紀もの間、地平線を越えて照準を合わせることが不可能だったことから、海岸から発射された砲弾が到達できる最大距離（3海里、約5.6キロ）が距離を測る際の1つの基準とされてきた。海洋における国家の権利を画定するために地質学的限界（大陸棚）を利用するという考え方は以前から存在していたが、実行に移されたのは、1982年にモンテゴベイ条約（国連海洋法条約、UNCLOS）が締結され、1994年に発効されて「海洋の領土化」が始まってからだった。国家の権利を明確にするため、この条約では干潮時の平均水位を基準としている。この基準に基づき、各国の統治圏が漸次定められている。

- 内陸の湾および河口では、干潮線まで主権が及ぶ。
- 領海（12海里、約22キロまで）は、外国船舶の「無害通航」の権利が認められる。この問題に関して、多くの低地島が係争の対象となっている。満潮時に水没する島は、12海里の水域内にある場合（南沙諸島のスビ礁）を除き、国家の領土の一部とは見なされない（東南アジアのミスチーフ礁）。
- 国家が警察権を行使できるのは接続水域内（24海里、約44キロまで）。
- 沿岸国が排他的に資源開発を行う権利を有するのは排他的経済水域内（EEZ、200海里、約370キロまで）。大陸棚が200海里を超えて広がっている場合、排他的経済水域は350海里（約648キロ）まで延長されるが、その場合の権利は海底およびその下層土、大陸棚の裾までとなる。

　つまり、法の進化は「共有の海から分有の海へ」という流れをもたらしたのだ（ニコラス・エスカッシュ）。

　しかし、国連海洋法条約の適用は自明ではない。米国（原則は適用している）やトルコなど、批准していない国も多い。何よりも、閉鎖性海域や半閉鎖性海域、あるいは島嶼

といった問題が関わってくると、適用するのは容易ではない。資源が豊富なカスピ海は長い間、閉鎖性海域なのか塩湖なのかという論争の的となってきた。2018年、カスピ海沿岸諸国はようやくその海域を分有することで合意し、地下資源の分配については継続協議となった。

しかし、何よりも注目されているのは島の問題である。まず、領海をどのように画定するのか。島嶼国にとっては、単純な話だ。島と島の間の空間は領海と見なす。国連海洋法条約は「群島水域」を規定している。関係国については、一定の条件の下で、最外縁の島々を結ぶ直線基線で囲まれる内側の水域は「領水」となる。

近隣国については、等距離の原則が適用される。国境は海岸から12海里（約22キロ）未満であっても、等距離中間線を通る。ただし、緊張状態が生じた場合、これは問題をはらんでいる。そのためギリシャは慎重に、一方的に自国の領海を6海里（約11キロ）に制限している。そうしなければトルコが公海に自由にアクセスできなくなるだろう。最後に、満潮時に水没する島は領海を作らない。そのため無節操な国家は、それを人工島に変えようとするかもしれない。中国が南シナ海、特にスプラトリー諸島のミスチーフ礁とスビ礁で行っているように。後者のケースでは、2016年に常設仲裁裁判所（PCA）が、国連海洋法条約（UNCLOS）の別の規定を引用したフィリピンの主張を認める判決を下した。水没した島が常時海上にある島から12海里以内にある場合、水没島は依然として国家（海上にある島国）の領土の一部を構成する、というものだ。

では、どうすれば排他的経済水域を極力正確に定義できるのか。「人の居住や独自の経済活動に適さない岩」には、排他的経済水域も大陸棚もない。そのため、南シナ海の戦略的要衝であるスカボロー礁の性質をめぐって論争が起きている。この件については、2016年にPCAがフィリピンの主張を認める判決を下している。より一般的に言えば、地理や歴史が、当事者の一方にとって不公平と見なされる状況を作り出すことがある。トルコは、自国南岸のすぐ近くにあるギリシャの小さな島カステロリゾ島が、ギリシャに広大な排他的経済水域（EEZ）をもたらすことを容認できない。おそらくそのEEZは炭化水素が豊富なのだろう。

友好的な解決策を見出すことは可能だ。条約は、状況に適応した「暫定的な等距離中間線」の原則を奨励している。求められているのは、平等ではなく公平性だ。裁判所（国際司法裁判所、国際海洋法裁判所、常設仲裁裁判所）への訴えは頻繁に行われているが、当事者国がともに、裁判に委ねることに同意しなければならない。

最後に指摘しておくが、スエズ運河やパナマ運河は、それが存在している国家の主権的領域の一部である一方、国際運河であるため、すべての国の船舶が自由に航行できる（1912年のジブラルタル協定、1936年のトルコ海峡協定、国連海洋法条約）。

11 海上における主権
領海、接続水域、排他的経済水域……

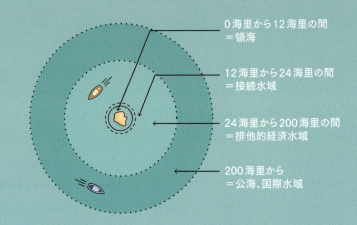

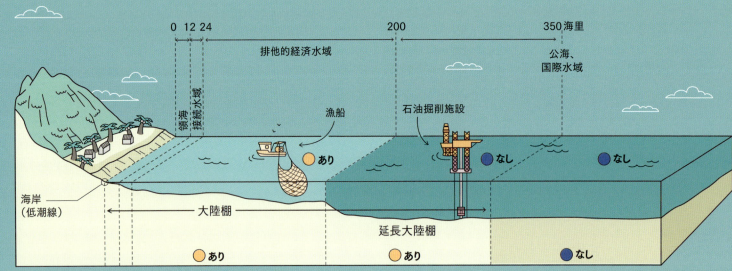

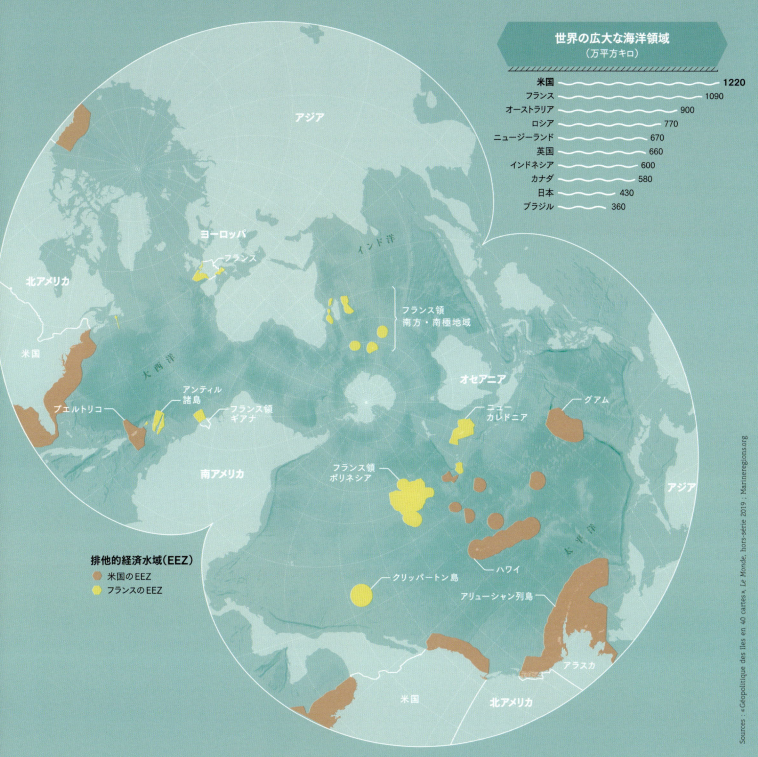

12 フランスの海
国境を押し広げるフランス

サンピエール・ミクロン

ビスケー湾

大 西 洋

フランス本土

北アメリカ

300キロ

グアドループ

マルティニーク

アンティル諸島

アンティル諸島

アフリカ

ギアナ

赤道

500キロ

フランス領ギアナ

ギアナ

クリッパートン島

南アメリカ

太 平 洋

フランス領ポリネシア

500キロ

ケルゲレン諸島

ケルゲレン

南極海

フランスの国境が動いている。多くの国々と同様に、フランスも国連海洋法条約の施行によって開かれた機会を活用し、沿岸から最大350海里までの資源開発権を拡大したいと考えている。「大陸棚の合理的延長」プログラムは、この海域を法律に則って延長することを目的としている。

すでにフランスの領土は、2015年には57万9000平方キロ、2020年には15万1000平方キロ増加している。4つの申請（サンピエール島・ミクロン島、ニューカレドニア東部、フランス領ポリネシア、ウォリス・フツナ）は保留中だが、これらが承認されれば、フランスの海洋領土は世界最大となる。

46　国境アトラス

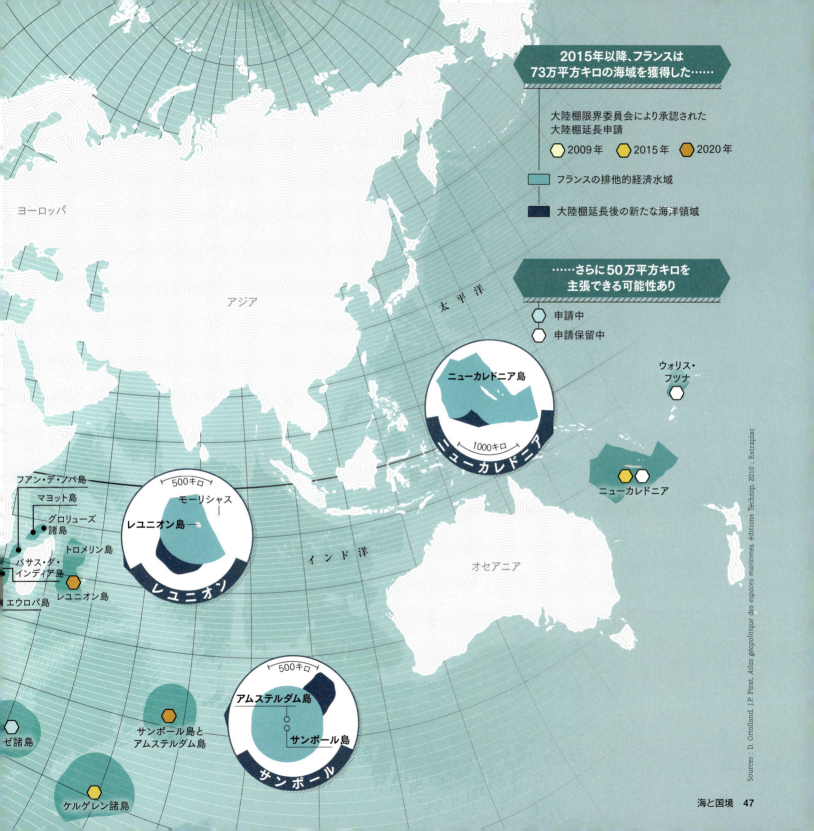

海と国境 47

13 北極
複数の主張

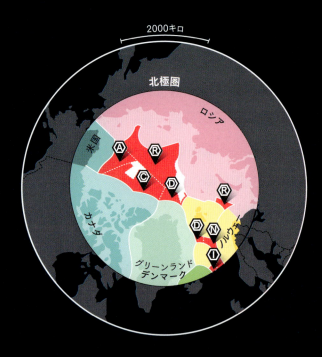

領土と主張

― 承認された国境
⋯⋯ 排他的経済水域（EEZ）（200海里、約370キロ）

排他的経済水域

ロシア	ノルウェー	アイスランド	デンマーク	カナダ	米国

主張している大陸棚

軍事基地と主張

― 承認された境界
⋯ 公海（国際水域）
 主張している地域

☆ ロシア軍基地
★ 米軍基地
📍 領土紛争
⬢ 炭化水素の存在が確認されている、またはその可能性がある

北極海航路

 北西航路
 北東航路
 「北方航路」（ロシア領海）
 確立されていない「北極海航路」

14 スバールバル諸島
ユニークな領土

　ノルウェー領スバールバル諸島（スピッツベルゲン島が最大にして唯一の有人島）は、独特な地位を享受している。1920年にさかのぼる条約によって統治されており、条約の締結国は資源を自由に開発できると規定されているが、その軍事利用は一切禁止されている。条約では適用水域（「スバールバル諸島の多角形」）が定義されているが、海洋法（排他的経済水域）の発展により、境界の定義は複雑になっている。この条約と国連海洋法条約（UNCLOS）に対するノルウェーの解釈は、他のヨーロッパ諸国の納得を得られるものではない。同国は諸島周辺に「漁業保護区域」を（ヤンマイエン島周辺には「漁業水域」を）設定している。このため、ノルウェーの定住種であると同国が主張しているズワイガニの漁獲をめぐって事件が起こっている。ノルウェーは、ズワイガニを独占的に捕獲する権利を留保している。

　一方、以前から続いていたロシアとノルウェー間の紛争は、2010年に解決され、両国は（国境画定条約ではなく）国連海洋法条約を適用して国境を画定した。これにより、国家水域の中央に2つの公海域（「バナナ海域」と「バレンツ海域」）が残された。

極北の資源の可能性……
- ノルウェーの炭化水素鉱床
- スバールバル諸島の漁業保護区域（ノルウェー）
- ヤンマイエン漁業保護区（ノルウェー）

……1920年の条約をめぐる論争が再燃
- 1920年の条約の署名国
- スバールバル諸島の多角形。1920年の条約で定義された海域
- EU諸国
- ノルウェー
- スバールバル諸島
- ヤンマイエン
- ノルウェー領海の限界
- ノルウェーのEEZ
- EU諸国によるスバールバル諸島のEEZ
- ロシアのEEZ
- DSO（特別区域）

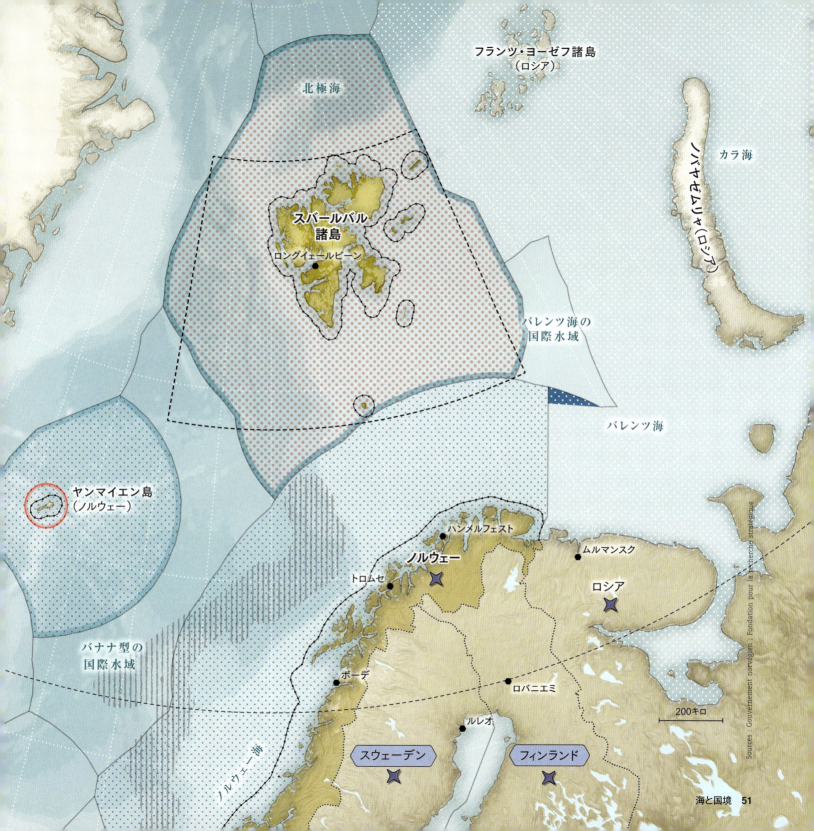

15 ペルシャ湾
石油と基地

　ペルシャ湾（アラビア湾）は炭化水素の輸出にとって戦略的に重要な地域だ。世界最大の石油埋蔵量を誇る油田とガス田があり、イラン（サウスパース）とカタール（ノースドーム）が共有している。ホルムズ海峡はオマーンの領海に位置している。そのすぐ近くにはトンブ島とアブー・ムーサ島があり、アラブ首長国連邦の独立時にイランが併合したため、アラブ首長国連邦が領有権を主張している。この狭い海峡は、世界でも有数のホットスポットとなっている。イランはたびたびこの海峡を封鎖すると威嚇し、米国は必要であれば武力による解放の準備をしている。湾岸戦争（1991年）以来、この地域における西側諸国（米国、フランス、英国）の軍事的プレゼンスは強化されている。フェンスの建設を含め、湾岸南西部の国境の強化が開始されたのもこの時期だ。バーレーンの小さな群島と強力な同盟国であるサウジアラビアを隔てる国境は、橋の中央を通っている。

52　国境アトラス

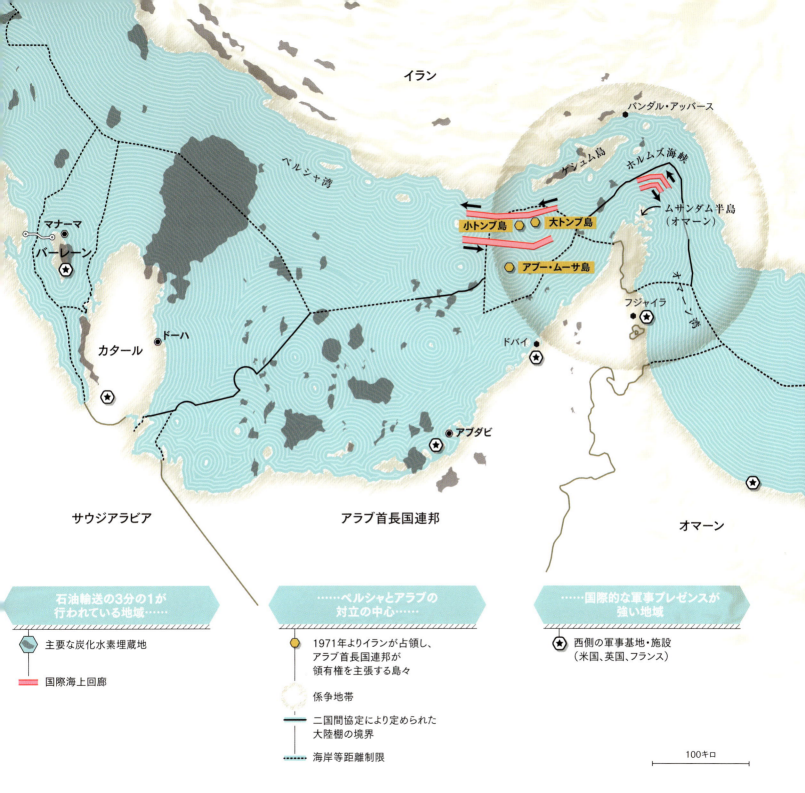

16 カスピ海
海でも湖でもない……

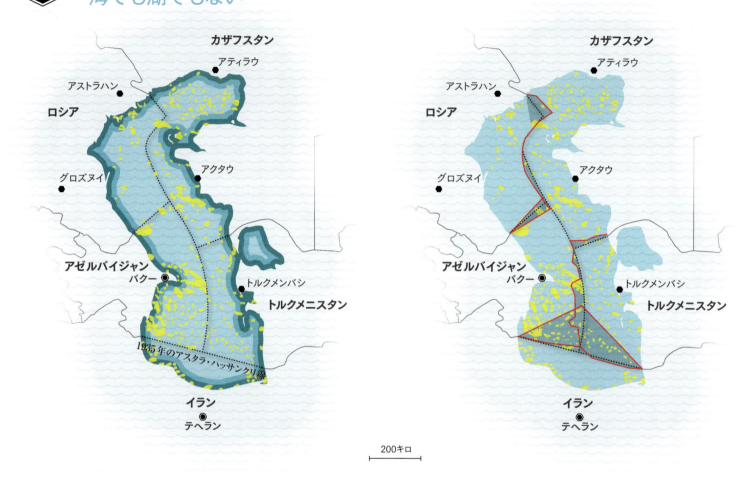

海か湖か。2018年まで、沿岸諸国はカスピ海の法的定義をめぐって対立していた

カスピ海が海である場合
- ……… ソ連が引いた境界線
- 石油・天然ガスの鉱床
- 領海
- 接続水域
- 公海

カスピ海が湖である場合
- ── 近隣諸国の主張
- ……… ソ連が引いた境界線
- ソ連の航路に関する係争地域

長年にわたり、イランはカスピ海沿岸諸国のほとんどと対立しており、これらの国々は国境について合意することができずにいる。もちろん、経済的利益が大きく関わっているからだ。この紛争の核心は、カスピ海の法的特徴付けにある。すなわち、カスピ海は海なのか、それとも湖なのかという問題だ。

海と見なした場合、沿岸諸国は領海における主権を自由に行使でき、排他的経済水域の資源を開発できる。公海は共有財産となる。湖と見なした場合は、その水域は沿岸諸国による共有財産として管理され、資源は共有される。

この紛争は、2018年にようやく、5つの沿岸諸国間の全面的な外交的妥協によって解決された。カスピ海の法的地位に関する条約（2018年8月12日）により、これらの水域は現在、海でも湖でもない国際水域と見なされている。ただし、資源豊富な海底は、各国の領土に分割されている。ちなみに、条約では海底の境界画定は保留のままである。アスタラからハッサン・クーリー（1935年）まで続く線は、イランとソ連の影響力の及ぶ区域を画定した。

2018年8月12日以降、海でも湖でもない特別な法的地位

海としての海上国境
- 領海の主権の限界
- 排他的経済水域
- 公海

湖のような海面
- 外国艦隊は排除され、利用は周辺諸国に限定される
- ロシア艦隊
- エネルギー・貿易のための港の開発

国際法に従って共有される海底・地下の資源
- 石油・天然ガス鉱床
- 主要な石油・天然ガス パイプライン

海と国境　55

川が国境になるとき
川の境はどこか？

共同主権

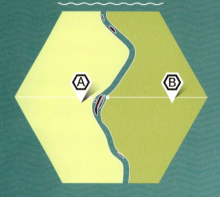

国境は、A、Bそれぞれの国の沿岸に沿って引かれた二重線で構成される。国境の間の川は、2国の共同主権地域である。

例
ドイツとルクセンブルクの間のモーゼル川。

川岸の国境

国境が2つの川岸のうち、どちらか一方Aに定められるとすると、河川は他方の国家Bの単独主権下に置かれる。問題は、川岸が、次の4つのうち、どこから始まるかを決定することだ。(1)干潮線、(2)満潮時の川面の中間地点、(3)川岸の端、(4)川岸から数メートル離れた植生のある場所。

例
コートジボワールとガーナ間のタノ川。

世界の主な国境河川

56　国境アトラス

中央線

国境は両岸から等距離の地点に引かれる。その経路は簡単に決定できるが、深さは考慮されない。表面的には、どちらの領域も水量は等しいものの、水域の比較はほぼできない。

例
フランスとスペイン間のビダソア川。

タールベグ

国境は、川床、つまり水深の最も深い場所を結んで引かれる。この区分は、航路と水深を考慮する必要があることから、19世紀以降好まれてきた。

例
イラクとイランの間を流れるシャット・アル・アラブ川の国境は、両国の航行を容易にするためにタールベグを用いて引かれているが、現在もなお問題はくすぶっている。この川がイラン・イラク戦争の発端となった。

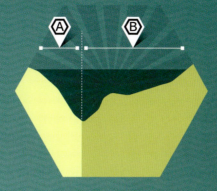

国境を越える

複数の国を流れる河川の水域は共有される。下流の国々は上流の国々に左右される。

例
ユーフラテス川の源はトルコにある。そこからシリアを経てイラクへと流れていく。トルコの水力発電計画により、イラクはその資源の一部を奪われている。

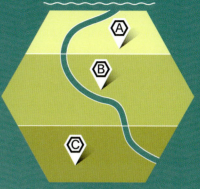

Sources : François Schroeter, « Les Systèmes de délimitation dans les fleuves internationaux », Annuaire français de droit international, CNRS Editions, n° 38, 1992/1 ; Mutoy Mubiala, L'évolution du droit des cours d'eau internationaux, Graduate Institute Publications, 1995 [en ligne].

海と国境 57

18 東地中海
海の中の天然ガス

天然ガスの存在が競争を激化させる……

- 主な天然ガス埋蔵地
- 天然ガスパイプライン ---- パイプラインプロジェクト
- 東地中海パイプラインプロジェクト
- 潜在的なガス田
- 液化天然ガス(LNG)の輸出入における主要なターミナル港
- XXX 東地中海天然ガスフォーラムの加盟国
- 既存の国際天然ガスパイプライン

……境界が曖昧で緊張状態にある地域

- ⋯⋯ 等距離の原則に基づく理論上の海上国境
- ══ 二国間協定で定められた海上国境
- 係争中の海域
- ◆ モンテゴベイ条約を批准していない国
- 1974年以降のキプロスの分割線
- 近隣諸国が領有権を主張する海域におけるトルコの探査・軍事演習

58 国境アトラス

19 イスラエル−レバノン
歴史的な海上国境協定

フランスによる内々の支援を受けた米国の仲介により、2022年10月に、天然ガス資源が豊富な海域（いわゆる「カナ・プロスペクト」）におけるイスラエルとレバノンの海上国境をめぐる紛争が解決に至った。イスラエルは自国の排他的経済水域の北限が1号線にあると主張し、レバノンは自国の排他的経済水域の南限が23号線にあると主張した。最終的にイスラエルは、状況が安定すれば、やや南に位置する別のガス田（カリッシュ）の開発が容易になるという理由で、レバノンの主張を受け入れた。この合意は、両国関係正常化への第一歩と見られることもあるが、レバノンの武装政治組織ヒズボラが承認したとしても、この地域においてはさほどよい兆候とまでは言えない。両国の陸上国境の画定問題は未解決のままなのだ。

イスラエルとレバノン間の海上国境に関する歴史的な合意

2010年、東地中海でガス田が発見される……

 2010年に発見されたガス田

その他のガス田

沿岸国間での合意に基づいて画定された海上国境

2009年に定められた漁業線。ガザ地区の漁業権が認められている海域を規定している。

……75年にわたって戦争状態にあるレバノンとイスラエル……

 レバノンが国境として採用している、1949年の休戦協定のポイント。イスラエルは承認していない。

 「ブルーライン」。2000年にイスラエルがレバノン南部から撤退後、国連が設定した境界線。レバノンが領有権を主張し、国連が監視する暫定国境。

 レバノンが領有権を主張するシェバー・ファームズ（イスラエルはドブ山と呼ぶ）。

……経済的に疲弊したレバノンはイスラエルとの海上国境協定に署名することに同意

レバノンが領有権を主張した海上国境
　2011年　　　2020年

イスラエルが主張する海上国境

2012年に米国が仲介し、2022年10月11日に両国は米国の提案を受け入れた

ロゼッタ河口

アレクサンドリア

ナイル川デルタ

60　国境アトラス

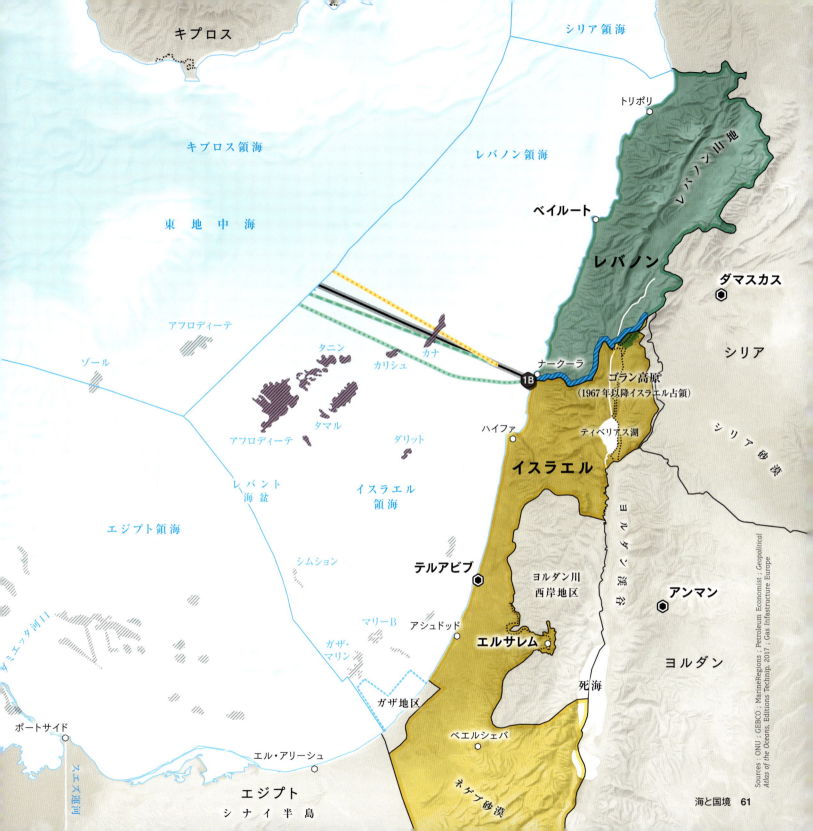

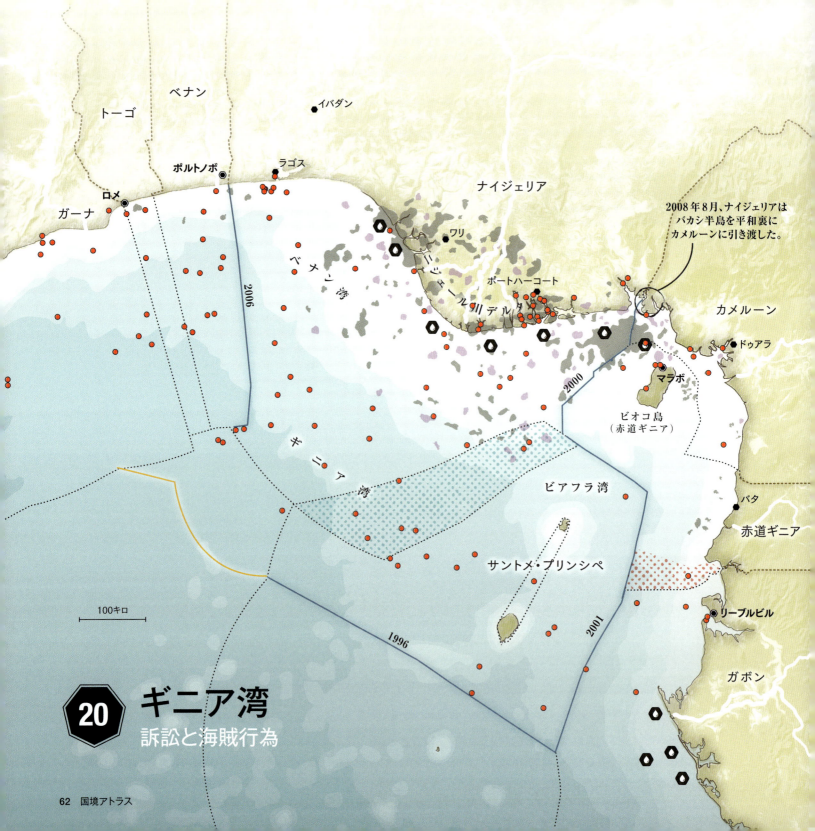

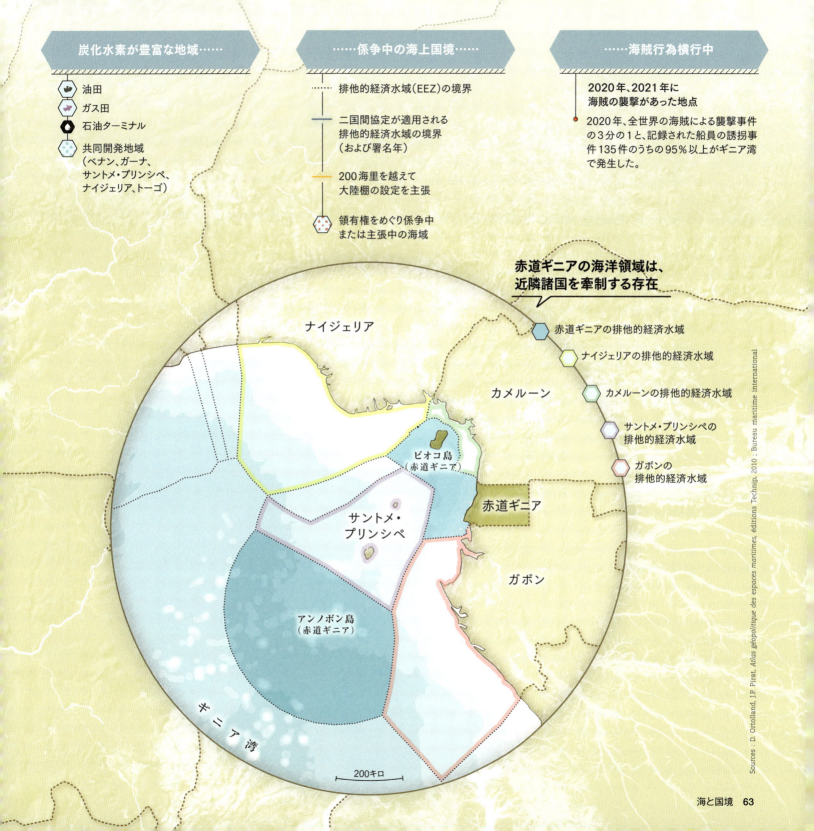

海と国境 63

21 日本と周辺国
食い違う主張

千島列島は19世紀以来、ロシアと日本の間で領有権をめぐる係争が続いている。1875年の樺太・千島交換条約（サンクトペテルブルク条約）により、この列島は日本に割譲された。だが1945年、ソ連に占領される。択捉島など4つの島（北方領土）は、千島列島の一部ではなく、日本固有の領土であるというのが日本の立場だ。2022年、ロシアは二国間協議を打ち切った。

日本の竹島をめぐっては、韓国（および北朝鮮）が領有権を主張している。

中国は日本の尖閣諸島（台湾も領有権を主張）の領有権を主張している。この諸島の海域に豊富な資源が眠っていることが発見されたためだ。これらの諸島は米国の防衛傘下にある。日本は等距離原則を適用しようとしているが、中国は自国の大陸棚がそこまで広がっていると考えている。中国は係争中の海域に頻繁に侵入している。

南鳥島

海上の境界線

- 日本の排他的経済水域（EEZ）
- 日本が領有する海域において他国が領有権を主張している海域

係争中の海域および陸域
- 日本の領有地だが、ロシアが支配
- 日本の領有地だが、韓国が占拠
- 日本の領有地だが、中国と台湾も領有権を主張

- XXX 米国の同盟国
- 米国の主な基地および施設
- XXX 共通の利害関係を持つ国々

空の境界線

- ----- 防空識別圏（ADIZ）
- ----- 2013年に中国が一方的に設定した識別圏

Sources : CSIS, Asia Maritime Transparency Initiative ; R. Scoccimarro, Atlas du Japon, Autrement, 2018

海と国境　65

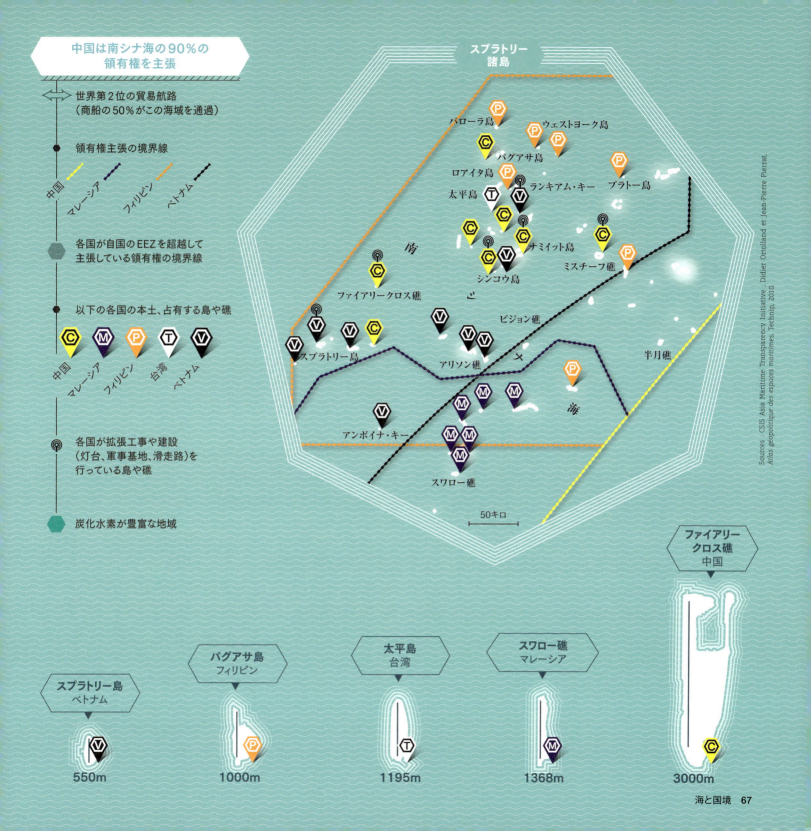

III
壁と移民

壁は、国境の中でも最も初期に作られたものの1つだ。そしてそれは今日、ますます増えている。戦後、基本的に壁はほとんど見られなくなったが、今増えているのは、不法移民や密輸、さらにはテロリストの侵入を防ぐために作られた障壁だ。

壁と移民

　国境が、文字通りの意味での「壁」によって画定されることはほとんどない。この言葉は、概して物理的な障壁を指す場合に用いられる。一言で壁と言っても、単純な高いフェンスから実際の壁までさまざまだ。今日、こうした境界線は、定義や計算方法にもよるが、全陸上国境の6％から18％を占めるに過ぎない。中東とヨーロッパを中心に、約70の壁や障壁がおよそ80の国境に築かれており、これは全陸上国境の4分の1に当たる。また、高度な監視システム（センサー、ドローン、衛星など）は存在するものの物理的な障壁は存在しない「仮想の壁」というケースもある（ブラジルの例）。こうした国境管理の近代化は「スマートボーダー」という概念に集約される。

　壁の象徴といえば、よく知られた歴史上の建造物、万里の長城であり、ハドリアヌスの長城であり、そしてもちろんベルリンの壁だ。ベルリンの壁は当初、一夜にして張りめぐらされた有刺鉄線のフェンスに過ぎなかったが、その後165キロにわたって西ベルリンを囲み（そのうち106キロは壁だった）、28年もの間、1万4000人の警備員と6000匹のイヌによって監視され続けてきた。

　国境の壁として知られている最初のものは、紀元前2038年頃にシュメールの王シュルギがチグリス川とユーフラテス川の間に築いた。

　2000年もの歴史を有する「万里の長城」についても見ていこう。中国北部に延びる一連の壮観な建造物で、総延長は5万キロを超える。建設が始まったのは紀元前3世紀、秦の始皇帝のときからだ。当初は遊牧民の侵攻を防ぐためだったが、やがて貿易の流れを制御するために使用されるようになった。その後は侵入防止の障壁というよりも、敵である「野蛮人」を足止めする場所として建設されていった。明代の万里の長城（全長3640キロ、支線2860キロ）が建設されたのは15世紀になってからで、現存する遺跡の大部分はこの時代のものだ。

　英国にあるハドリアヌスとアントニヌスの長城（2世紀）もよく知られているが、他にも、カスピ海からコーカサス山脈にかけてのアレクサンダー門（6世紀）、サヘル地域のソンボのエレド（9世紀）、東ヨーロッパのトラヤヌスの壁（中世）など、帝国の偉業の例は数多くある。

　ヨーロッパ人の考える「壁」と言えば、まさにベルリンの壁だろう。しかし、この壁は特殊なケースだ。かつての鉄のカーテンや、今日における北朝鮮の国境など、入国を防ぐのではなく、出国を防ぐことを目的として作られた数少ない壁の1つだ。

増える壁、障壁、フェンス

　冷戦終結時にあった壁やフェンスはわずか15カ所だったが、現在では70カ所以上あり、そのうち20カ所ほどは強固な壁だ。壁は、南アフリカ、中央アジア、南アジアなど、いたるところに建設されている。米国、イスラエル、サウジアラビア、インドなど、多くの国々が国境の大部分をフェンスで囲うことを計画している。インドとバングラデシュを隔てているのは、3200キロに及ぶ世界最長のフェンスだ。9月11日の同時多発テロ以降、テロ対策が壁構築加速化の主な理由となっている。しかし、グローバル化や、合法・非合法を問わず人や物の流れの増加という文脈からも考えなければならない。壁の機能は進化する可能性がある。ボツワナがジンバブエと

の国境に築いた障壁は、当初は野生動物の移動を制限するためのものだったが、その後は移民や密輸に対する防波堤となった。サハラの壁は、当初ポリサリオ戦線（のちにサハラ・アラブ民主共和国を樹立）の反乱からモロッコの権益を守ることを目的としていたが、今日では移民対策としての機能も同様に重要となっている。米国とメキシコの間の壁も同様だ。そもそもは移民排斥を目的としていたが、今日では麻薬密売を防ぐことも目的となっている。イスラエルではその逆で、シナイ半島とイスラエルを隔てる壁は、最初はテロ対策として築かれたが、今ではアフリカからの移民を防ぐ手段としても使われている。壁はまた、事実上の（法律上ではない）国境も作り出す。これは、カシミール、イスラエル、ジョージアなどでは「国境化」と呼ばれている状況だ。

これらの壁は、地下のトンネルに作られることもあるが（ガザ地区）、いずれは海上に作られる可能性もある（ギリシャの計画）。また、通常は緩衝地帯（誤って「無人地帯」と呼ばれている）が含まれる。イラクとクウェート間の9キロ（うち6キロはイラク領）、キプロスでは最大7キロ、西サハラ（モロッコ側）では5キロ、南北朝鮮の境界線では4キロ（南北にそれぞれ幅約2キロ、直径800メートルの共同警備区域）などだ。ガザ地区周辺でも同様で、エジプト側にはフィラデルフィア回廊（200〜300メートル）があり、イスラエル側には幅数十メートルの地帯がある。インドとバングラデシュの間には、深さ150メートルの谷のような緩衝地帯があるが、例外的に人が住んでいる。生活環境は厳しく、住民は苦労しているという。

国境問題に対するシンプルで目に見える「常識的な」対応策として壁が建設される。これは政治家が好む手法だが、思想家にはさほど人気があるわけではない。哲学者ティエリー・パコは、「壁は無理解、分離、隔離を表現している。[中略] 壁を建設する者は人類を汚染する者である」と述べている。同僚のウェンディ・ブラウンは、「ポスト国家時代において、壁は新たな形の外国人排斥と内向きな態度を生み出す」と言う。法学者のモニク・シュミリエ＝ジャンドローは、「壁は人間どうしを隔て、人間どうしの『コミュニケーションの権利』を侵害する」と述べている。

> 今日、壁は、南アフリカ、中央アジア、南アジアなど、いたるところに建設されている

よく言われるように、壁は効果がないのだろうか。米国の元国土安全保障長官のジャネット・ナポリターノはかつて、「50フィートのはしごを見せなさい、そうすれば51フィートの壁をお見せしましょう」と言った。これは間違っている。たとえ国境で閉ざしていても、侵入や回避を避けることはできない。その場合一般的なのが、メキシコ、ガザ地区、北朝鮮で見られるトンネル掘削だ。ただしそれが体系的なトンネル網となることはめったにない。2008年には、ハマスがガザ地区のエジプトとの境界壁をダイナマイトで爆破した。しかし、国境は侵入を遅らせ、流れを方向付けることはできる。イスラエルでは、テロ攻撃の件数が大幅に減少した。米国では、国境警備隊が違法な越境を試みる者の半数を逮

捕したことにより、不法移民が激減した。

だが、国境閉鎖によるマイナス面もある。移民に身の危険を感じさせることになるし、季節移民が恒久的な移民になってしまう。経済成長は低下し、二国間の紛争は激化する。おまけに陸上動物の自然な移動を阻害する。

過去にベルリンで、今日はメキシコやヨルダン川西岸で目にしたように、壁はまた芸術表現の場でもある。朝鮮半島の共同警備区域、インドのワガとペトラポール（国境の開閉式）などは政治劇の舞台でもある。それに、朝鮮半島の非武装地帯のように、時には豊かな自然が広がる場にもなる。

移民に対する壁

人類がこれほどまでに国境を越えて移動したことはなかった。道路、鉄道、航空輸送の発達により、人類はかつてないほどの機動性を手に入れた。本書で言う「移住」は、一時的または永続的な国外移住者を指すために用いられる（国境を越えた労働はこれに該当しない）。移住は、研究や新たな地平の発見のために自ら選択する場合もあれば、戦争、弾圧、失業、貧困などにより、やむなく選択する場合もある。2021年、世界には2億8100万人の移民（うち3600万人は難民）が存在した。

19世紀までは、国を出るよりも入るほうが容易であった。徴兵や税金を逃れるために領土から出る、という可能性もあった。自国領土から出る権利は、世界人権宣言（1948年）に明記されている。そして今日では、入るよりも出るほうが容易になっている。

経済的な観点からは、移住とは「供給」（これは現地の状況や個人の移住能力に左右される）と「需要」（合法的か否かにかかわら

*1 ローマ帝国の防砦システム

ず、雇用の機会、およびコミュニティーや家族の再統合の機会という考え方）の一致と言えるだろう。厳密に経済的な観点から言えば（これは社会的および文化的なレベルでも、盛んに議論されていることではあるが）、移民は移住先で定年を迎えることはほとんどないため、受け入れる側にとっては負担よりもむしろ資産である場合が多い。また、移民は仕送り（年間5000億ドル、政府開発援助の2倍以上）を通じて母国の発展にも貢献している。例えば、メキシコでは「移民ドル」は石油に次ぐ第2の収入源となっている（年間200億ドル）。

移民の流入先は主に大陸内（ヨーロッパ、アフリカ、アジア）だ。大陸間で移住する場合は、主に北アメリカとヨーロッパに向かう。

国境が組織的に管理されるようになったのは第一次世界大戦の頃からで、パスポートが制度化された。第二次世界大戦後にはビザが導入された。国から国への単なる移動はますます容易になる一方で、合法的な移動はますます困難になっていった。さらに、状況によって移動の容易さも変わってくる。

過去20年ほどの間、先進諸国の国境は外部化され、「リメス*1の復活」（ミシェル・フーシェ）と呼ばれるようになった。つまり、ビザのチェックは母国の航空会社によって行われる。不法移民を制限するために、母国や経由国に協力が求められている（共同パトロール、収容所、再入国協定など）。米国は国外の港で米国に入ってくる物品を管理している。英国はフランスとの二国間条約に基づき、カレーの国境を管理している。欧州連合（EU）には、人口の11.7％に相当する6000万人の移民（居住国の国籍を持たない）が存在し、そのうちの3分の2は非加盟国から

> ヨーロッパは
> 不法移民や密輸から
> 自国を守るために、
> ますます多くの障壁を
> 築きつつある

来ている。このカテゴリーは、EU人口の7.8％に相当する4000万人を超える外国人（居住国の国籍を持たない人間）のカテゴリーと一部重複している。これらの外国人の半数以上は非ヨーロッパ人だ（このうち900万人はアフリカ人）。「小国」（ルクセンブルク、キプロス、ラトビア、エストニア、オーストリア、アイルランド）は、外国人および外国生まれの住民の割合が高い。しかし、絶対数で言えば、当然ながら最も多くの外国人が居住しているのはドイツ、英国、フランスなどの「大国」である。

2015年から2017年にかけて、主に紛争（シリア、アフガニスタン、イラク）を理由とする300万件の難民申請が初めて提出された。ヨーロッパにおける不法移民の数（現在処理中の難民申請を除く）は、現在およそ300万人と推定されている。

シェンゲン協定（1985年）には27カ国（EU加盟国23カ国、非加盟国4カ国）が加盟している。その主な目的は、国境を越えた貿易と労働の促進だ（毎日170万人が近隣諸国へ出勤している）。シェンゲン協定には以下の要素がある。

・国内国境管理の撤廃。ただし例外的な事態や状況が発生した場合には再導入が可

能（1995年以降、数多くの事例で適用されたセーフガード条項）。
- 国境の両側20キロ以内（および空路・海路の出入国地点周辺）での取り締まり実施の可能性、および税関、司法、警察による協力の強化（1992年のマーストリヒト条約）。
- 共通国境における管理の強化、および管理手段の共有（1997年のアムステルダム条約）：ビザ、庇護申請（2003年のダブリンⅡ規則）、データベース（2013年の欧州国境監視システム：ユーロサー）など。

この目的のために、2004年に専門の機関（フロンテックス）が設立された。2007年以降、危機的状況下において加盟国の要請に応じ、国境警備隊を迅速に派遣できるようになった（緊急国境介入チーム。頭文字からRabit）。現在では改称して欧州国境沿岸警備機関とし（略称は変わらずフロンテックス）、約1000人を擁する機関へと変貌を遂げている。シェンゲン圏には1700の出入国地点があり、7289キロの陸上国境がある。フロンテックスは、イタリア（テミス作戦）、ギリシャ（ポセイドン作戦）、スペイン（ミネルバおよびインドロ作戦）、西バルカン諸国などの国々と協力し、海上、陸上、および空域における多数の監視活動を実施している。

同時に、ヨーロッパは不法移民や密輸から自国を守るために、ますます多くの障壁を築きつつある。そして現在では、ロシアからも防衛するために、EU加盟国の半数以上が、このような壁を築いている。1990年代にはモロッコ（スペインの飛び地）との国境で、2000年代にはトルコ（ギリシャ、ブルガリア）との国境で、そして最近では中欧および北欧でも壁を築いている。2015年にはすでに、ヨーロッパは「冷戦時代よりも、国境に物理的な障壁が増えている」（エコノミスト誌）と言われるようになった。10年前にはこうした障壁はわずか300キロほどだったが、現在では2000キロを超えている。ヨーロッパで新たな壁が作られた主な理由は、シェンゲン協定、シリア内戦、ロシアの侵略によるものである。一方で、スロベニアやクロアチアのように、シェンゲン協定に加盟していながら障壁を撤廃した国もある。興味深い話もある。1993年にドイツとスイス間で締結された再入国協定では、「国境からの入国と、国内での子どもの誕生は同等である」と明確に述べられているのだ。

米国は、北米自由貿易協定の実施により、世界で最も越境者が多い南部の国境の強化に着手した。不法移民を合法化する政策も廃止した。インドもまた、バングラデシュからの移民を防ぐため、4100キロの国境に3000キロ以上のバリケードを設置した。ジンバブエの近隣諸国は、同国からの移民流入を食い止めようとしている。

壁は、不法移民の流れを遅らせることはできるが、根絶することはできない。常にどこかしらに抜け道がある。モロッコでスペイン領への移民取り締まりが強化されたことで、移民たちは海路やバルカン半島を通じた遠回りのルートを利用せざるを得なくなった。ギリシャの国境管理が強化されたことで、同国の国境を越えてくる移民は大幅に減少したが、トルコや東ヨーロッパ経由での流入が急増した。米国とメキシコとの国境の主要な検問所の監視が強化されたことで、移民たちは南の砂漠を通ることを余儀なくされている。これらの施策の結果、地中海での溺死やアリゾナ州での脱水症による死亡が近年急増するなど、深刻な影響が生じている。

戦後の壁

停戦を象徴する紛争後に建設された壁は、地政学的状況を安定させるもの、あるいは一方的な事実上の国境画定という意思を表示するものでもある。壁が二国間の国際的に認められた国境に設置されるのはまれだ。そのまれな例が、イスラエルとレバノンの国境（一部）、クウェートとイラクのフェンスなどだ。一方、モロッコ（西サハラ）、トルコ（キプロス）、エジプト（ガザ地区）、イスラエル（パレスチナ自治区）、インド（カシミール）に設置された壁は、国境の存在を明確にするという意味合いが強い。壁の向こう側には多くの人々が暮らしている。国連は常に何らかの形で関与しているが、実際にはこうした地域はかなりの緊張状態にある。イスラエルとレバノン、インドとパキスタンの間では、深刻な事件が大規模な武力行使を引き起こしたこともある。

紛争後の壁は、必ずしも完全な閉鎖と同義ではない。イスラエルやキプロスの壁は、多少の困難を伴うものの越えることができる。一方、1994年以来閉鎖されているアルジェリアとモロッコの国境には、ところどころにフェンスが配されているだけだが、越境する者はいない。

㉓ 壁に囲まれた世界
今日の壁、障壁、フェンス

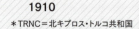

建設年別、現在の国境の壁とフェンス

スペイン－英国（ジブラルタル）

中国－香港
キューバ－米国（グアンタナモ）
アルジェリア－モロッコ
北朝鮮－韓国

1910　1920　1930　1940　1950　1960

＊TRNC＝北キプロス・トルコ共和国

1961年8月
ベルリンの壁の建設

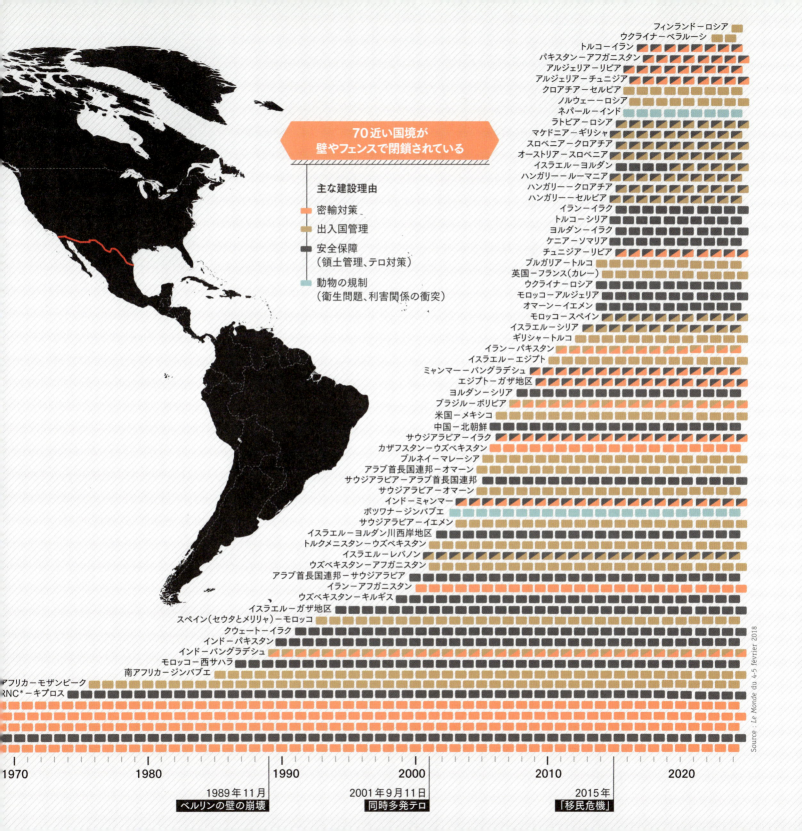

24 バリケードとフェンス
4つの壁

米国－メキシコ
2つの米国を隔てる壁

- 2007年から2015年の間に23億ドル（18億ユーロ）が費やされた
- 1100km
- 8m（プロトタイプを除く）

ヘリコプターやドローンによる上空からの監視

地下の動きを検知するための埋設センサー

麻薬密売人や密輸業者は、壁を回避するために小型ドローンを使用したり、トンネルを掘ったりしている

スペイン－モロッコ
ヨーロッパとアフリカの間には1つの国境と5つの障壁がある

- 8億8000万ユーロ
- 155km
- 4m

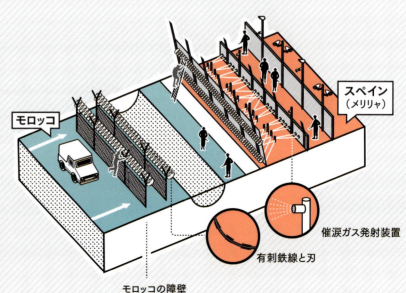

催涙ガス発射装置

有刺鉄線と刃

モロッコの障壁

76　国境アトラス

北朝鮮－韓国
世界で最も重武装された国境

- 1億ドル以上（8000万ユーロ）
- 248km

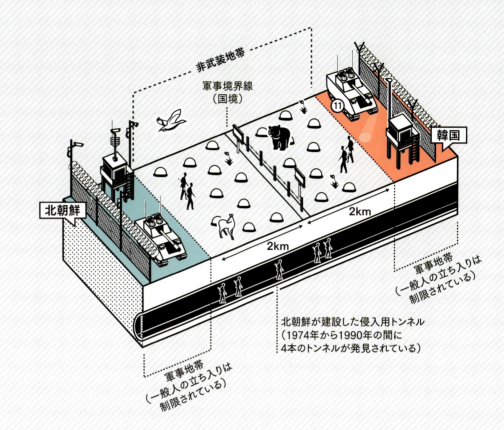

ハンガリー－セルビア
東欧が移民に対して築いたバリケード

- 8億8000万ユーロ
- 155km
- 4m

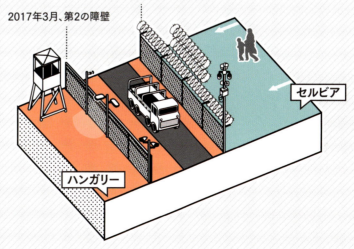

Source : Le Monde du 4-5 février 2018

壁と移民　77

25 地中海で命の危険にさらされる移民
国境が墓場と化すとき

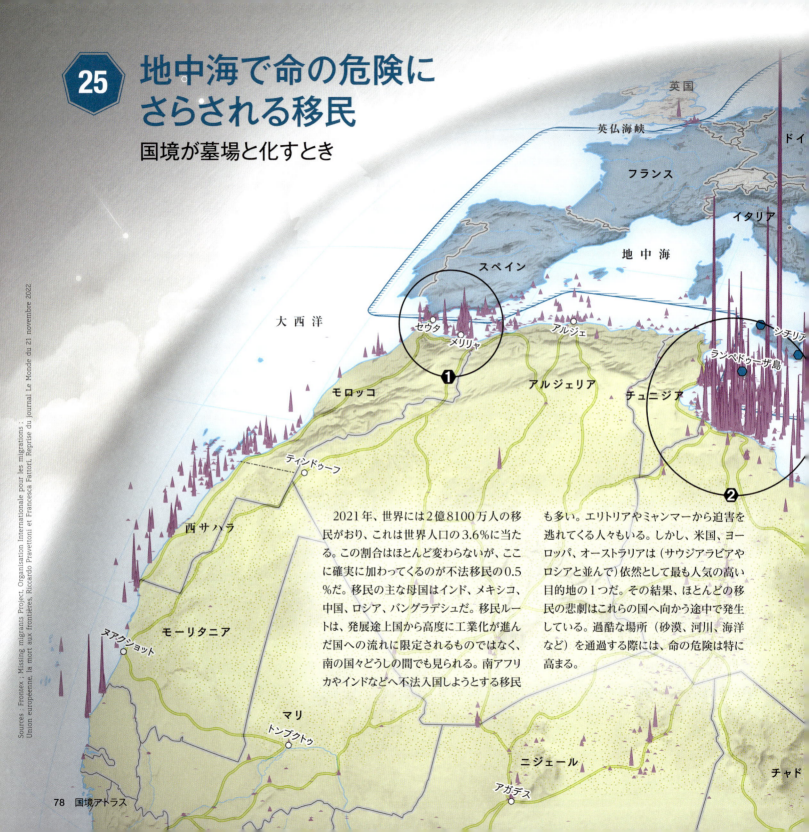

2021年、世界には2億8100万人の移民がおり、これは世界人口の3.6%に当たる。この割合はほとんど変わらないが、ここに確実に加わってくるのが不法移民の0.5%だ。移民の主な母国はインド、メキシコ、中国、ロシア、バングラデシュだ。移民ルートは、発展途上国から高度に工業化が進んだ国への流れに限定されるものではなく、南の国々どうしの間でも見られる。南アフリカやインドなどへ不法入国しようとする移民も多い。エリトリアやミャンマーから迫害を逃れてくる人々もいる。しかし、米国、ヨーロッパ、オーストラリアは（サウジアラビアやロシアと並んで）依然として最も人気の高い目的地の1つだ。その結果、ほとんどの移民の悲劇はこれらの国へ向かう途中で発生している。過酷な場所（砂漠、河川、海洋など）を通過する際には、命の危険は特に高まる。

欧州連合はバリケードを設け……

- ⬡ 欧州連合（EU）加盟国
- ⬡ シェンゲン圏の自由移動の境界線
- 〰️ 国境における物理的な障壁の設置（実際に設置されたものまたは設置が発表されたもの）
- ⬢ 主な移民先におけるEU運営の移民を選別するためのセンター

……国境の管理を委任し……

- ⬡ EUの対外国境における不法移民対策と安全強化を目的とした、フロンテックスとの協力協定に署名した国々

……移民は危険を冒す

100
50
10

2014年から2024年の間に発生した死亡および行方不明者（溺死、窒息死など）のうち記録に残っている事件

地中海ルートを通じた欧州連合への不法入国の動向

❶ 西地中海（単位：人）
- 2023: 56,850

❷ 中央地中海
- 2015: 885,390
- 2023: 60,180

❸ 東地中海
- 2023: 158,020

地名：
フィンランド、ポーランド、ルーマニア、ギリシャ、レスボス島、黒海、トルコ、地中海、リビア、エジプト、カイロ、ダマスカス、バグダッド、イラク、テヘラン、ガジ

26 シェンゲン圏
開放と閉鎖の間

世界でも類を見ない自由な移動エリア……

- ⬡ シェンゲン圏の境界
- ┄┄ シェンゲン圏内の国境：検問所は廃止
- 陸上交通網
- 欧州連合（EU）加盟国
- シェンゲン圏加盟国だがEU非加盟国

……それが移民の流入を前に崩壊の傾向にある……

- ⬣ 反移民の壁や障壁
- ┄┄ この線より南および東では、シェンゲン圏に入るためにビザが必要
- → 主な移民ルート
- ▨ 緊張地域、戦争状態にある国々

……そして2020年、新型コロナウイルス感染症の影響

- 2020年3月17日より非EU国民に対するシェンゲン圏の国境閉鎖
- ××× 2020年12月1日より、シェンゲン圏諸国からの入国者の領土への入国を制限している国

国境管理を一時的に再開するに至ったさまざまな不安要因……

- ……テロの脅威
- ……移民の流入
- ……新型コロナウイルス感染症の汚染と蔓延
- ……外交やスポーツイベント後の過剰反応

年	2014	2015	2016	2017	2018	2019	2020
		★移民危機					★新型コロナ

スペイン / ポルトガル / フランス / イタリア / ギリシャ / マルタ / ベルギー / ルクセンブルク / オランダ / ドイツ / オーストリア / スロベニア / チェコ / スロバキア / ハンガリー / ポーランド / エストニア / ラトビア / リトアニア / フィンランド / スウェーデン / デンマーク / ノルウェー / アイスランド / スイス / リヒテンシュタイン

Sources : *Le Monde* du 21 juin 2020 ; Commission européenne

スペインの飛び地
アフリカの中のヨーロッパ

　スペインの飛び地は、もともと「再征服の地」すなわち国境の最前線だった。刑務所に転用された後、都市開発が行われた。1969年までは開放されており、現在でも合法的な取引や密輸などにより、周辺地域との経済的な一体化を保っている。プラサス・デ・ソベラニア（主権の及ぶ土地）は5つ。構成しているのは、セウタとメリリャという2つの自治都市と、スペイン政府が管理するチャファリナス諸島、アルフセマス諸島（アル・ホセイマ湾）、ペニョン・デ・ベレス・デ・ラ・ゴメラだ。主にサハラ以南のアフリカからの不法移民の増加により、越えにくい壁が次々と築かれている。

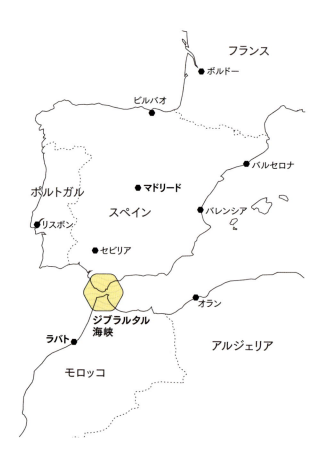

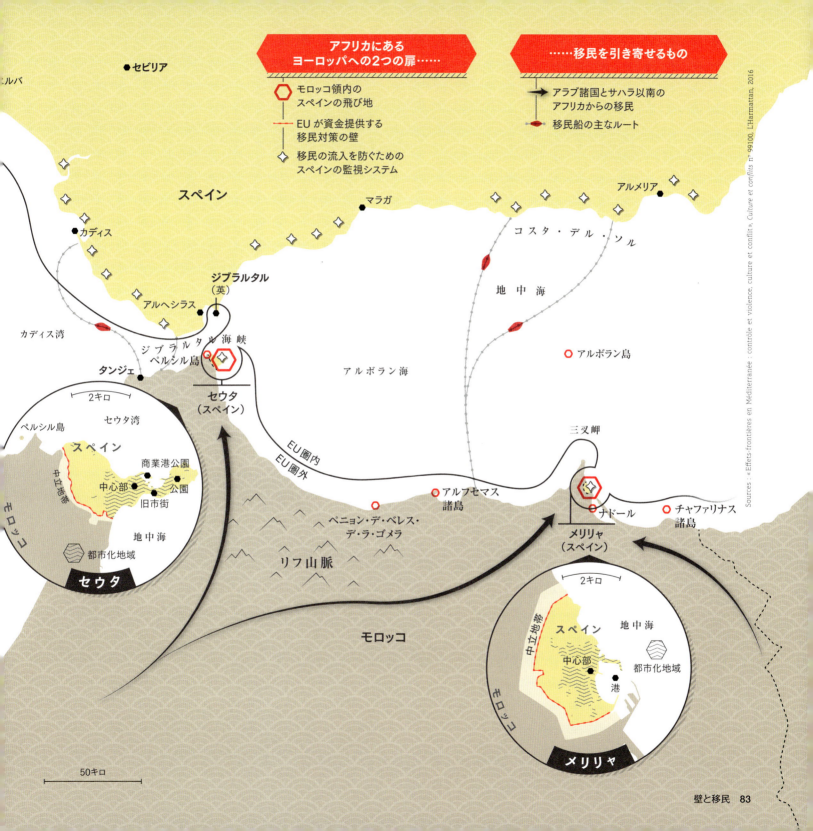

壁と移民　85

29 米国の壁
トランプ大統領の公約から現実へ

ドナルド・トランプの破られた約束……

1990年
米国とメキシコの国境は3144キロに及び、その中にはビル・クリントン、ジョージ・W・ブッシュ、バラク・オバマの3人の大統領の下で1990年代からすでに設置されてきた1000キロの壁も含まれる

2017〜2021年
ドナルド・トランプは最初の選挙戦の際、国境全体に壁を建設すると約束した

2021年1月の最初の任期終了までに築いた壁は745キロに上るが、これには既存の壁の補強が含まれる

2021年以降
ドナルド・トランプの最初の任期終了までに実際に建設された新しい壁は、わずか数十キロだった

ジョー・バイデンの民主党政権下で、壁の建設は限定的に継続された

　米国は、北米自由貿易協定（NAFTA）の実施によって不法移民の正規化政策が廃止されると、南の国境を強化した。そこは世界で最も混み合う国境であり、年間1億9000万件の越境がある。しかも、そのうちの4500万件はサンイシドロ国境検問所を通過してくる。1990年には、「最初の壁」（車両の検問）が、1998年には「第二の壁」（歩行者の検問）が建設された。2001年の9/11以降、国境警備隊の予算は4倍に増額され、完全な壁の建設構想が浮上した（2006年の安全フェンス法）。2016年までに1050キロの壁が建設されている。センセーショナルな発表とは裏腹に、第一次政権時代のドナルド・トランプ大統領は、在任中に数十キロの壁を新設したのみだ。ただし、数百キロにわたって補強はなされた。同時に、「市民による監視」（ミニットマン）も増加している。米国は毎年、数十万人の不法移民を国外追放している。現在、多くのメキシコ国民が好景気の自国に戻っているため、自主的な帰国はかなりの数に上っている。しかし、米国は依然として、メキシコを経由して米国に避難または定住しようとする南米からの移民の問題に直面している。バイデン政権の時代にも、壁の建設は継続された。

……土地の登記とぶつかり合う野望

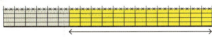 連邦の国境　 既存のフェンス
私的な国境　 25カ所の正式な越境地点
先住民の国境

Source : US Customs and Border Protection, 2020

壁と移民　87

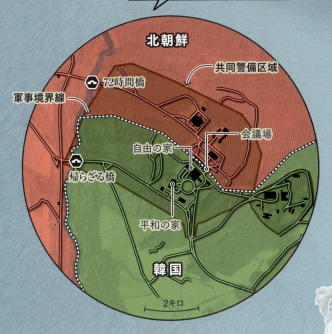

板門店の共同警備区域

朝鮮半島の境界線は、太平洋戦争終結直前の1945年、『ナショナル ジオグラフィック』誌の地図1枚を手にした2人の若い米軍将校によって引かれた。彼らは便宜上、領土をほぼ2等分する北緯38度線に線を引いた。この線は、当時のソ連と日本の勢力圏の境界線でもあった。その後に勃発した朝鮮戦争の1953年の休戦協定でも38度線が引き継がれ、有刺鉄線が張りめぐらされた軍事境界線は、全長238キロ、幅4キロの非武装地帯に囲まれている。その中央には、国連軍（実際には米軍）と北朝鮮軍が対峙する共同警備区域がある。その中央には中立国監視委員会（南側はスイスとスウェーデン、北側は1995年に停止されるまではポーランドとチェコスロバキア）が設置されている。この陸上の境界線は1953年に国連によって定められたが、海上に関しては、休戦協定では境界が定められていない。インドとパキスタンの国境と並び、世界で最も重武装された地域である。

Sources : Hérodote n° 141, « Géopolitique de la péninsule coréenne », La Découverte, 2011/1. [Fond de carte - Open Street Map]

壁と移民 89

31 西サハラ
砂の壁

「バーム」(アラビア語では「ジダール」つまり「壁」)は、モロッコが1975年に西サハラを占領(国連はその併合を承認していない)してから数年後、「有益なサハラ」を守るために作られた。この砂と石の防壁は、移民の流入を制限する役割も果たし、今日では世界最長の防御壁(2000キロ以上)となっている。モロッコ軍の3分の2に当たる約10万人の兵士が動員されている。2020年末、30年ぶりにモロッコと、アルジェリアの支援を受けるサハラ・アラブ民主共和国との間で戦闘が勃発した。

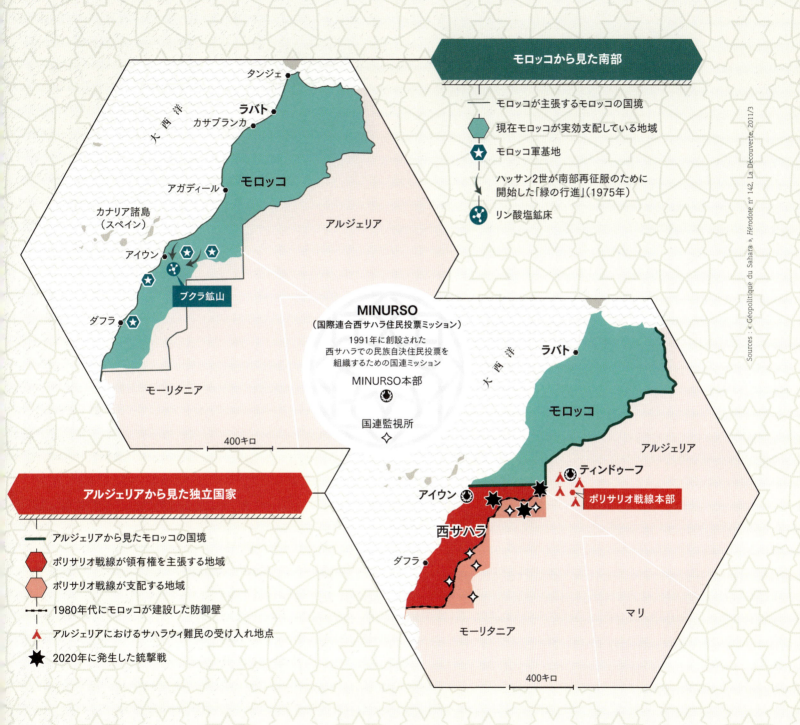

壁と移民 91

32 カシミール
世界で最も高い場所にある有刺鉄線

インドにとっての
カシミール

パキスタンにとっての
カシミール

中国にとっての
カシミール

カシミールはインド（60%）、パキスタン（30%）、中国（10%）に分割されている。インドが実効支配しパキスタンが領有権を主張する地域、パキスタンの支配下にありながらインドが占領していると見られる地域、パキスタンが1963年に中国に割譲したがインドが領有権を主張する地域（シャクスガム渓谷）、そして中国が実効支配しているがインドが領有権を主張する地域（アクサイチン）がある。2020年夏には、「実効支配線」と呼ばれる地域で、中国軍とインド軍の間で深刻な事件が発生している。また、ネパールとの国境も紛争の対象となっている。

インドとパキスタンの間では、1949年の停戦ライン（現管理ライン、事実上の国境）はカラコルム山麓のシアチェン氷河の手前、NJ 9842地点が最北端だ。この先は国境が画定されておらず、世界で最も標高の高い戦場である「実際の地上位置線」に沿って、定期的に戦闘が起こっている。カシミールにおけるインドの障壁は、「停戦ライン」からインドの支配地域側に1～2キロ入った地点にあり、NW 605550地点からNJ 9842地点まで、延長740キロの停戦ラインに沿って、長さ550キロに及ぶ。

Sources : « Géopolitique de l'Inde », Hérodote n° 173, 2019/3, La Découverte ; Le Monde du 17 août 2019

壁と移民 93

33 キプロス
今も分断された島

キプロス島は、1974年のトルコの介入と「北キプロス・トルコ共和国」（TRNC）の樹立（トルコのみが承認）により、2つに分断された。現在、ニコシアは壁で分断された唯一の首都である。国境の状況は複雑だ。英国軍基地（アクロティリおよびデケリア、島の表面積の3%）が存在し、その中に飛び地があり、国連がパトロールする緩衝地帯がある（この地帯のちょうど中央に位置するギリシャ系住民とトルコ系住民の村ピラも国連が警備している）。TRNCの領土は、理論上は欧州連合の一部だ。

1974年以前のキプロス
- トルコ人入植地および村
- トルコ人が多数派を占める混合地帯
- ギリシャ人入植地および村
- ギリシャ人が多数派を占める混合地帯
- 英国軍基地
- 主要道路
- 1974年までの空港

現在のキプロス

- トルコ系住民（30万1000人）
- ギリシャ系住民（84万人）
- グリーンライン：国連が管理する緩衝地帯
- 混合地帯
- 現在の空港
- 英国軍基地
- トルコの境界線
- ギリシャの境界線
- クロスポイント

北キプロス・トルコ共和国

キレニア
ニコシア
ファマグスタ
ピラ
デケリア軍事基地
ラルナカ

キプロス共和国

パフォス
リマソール
アクロティリ軍事基地

地中海

英国軍基地（キプロス紛争の舞台）

ファマグスタ
ピラ
デケリア軍事基地
英国の管轄海域
ラルナカ
グレコ岬
地中海

10キロ
5キロ

Sources : Pierre Blanc, « Chypre : un triple enjeu pour la Turquie », Hérodote n° 148, La Découverte 2013/1.

壁と移民　95

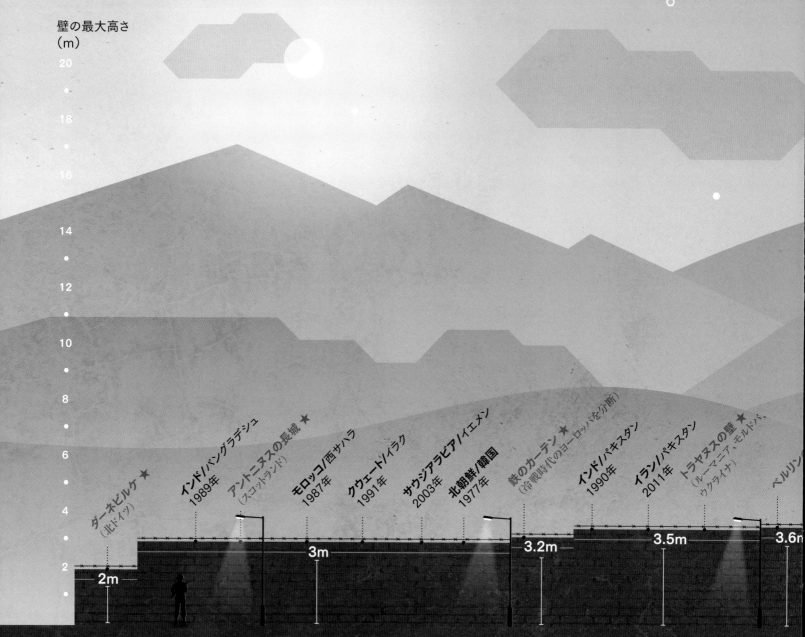

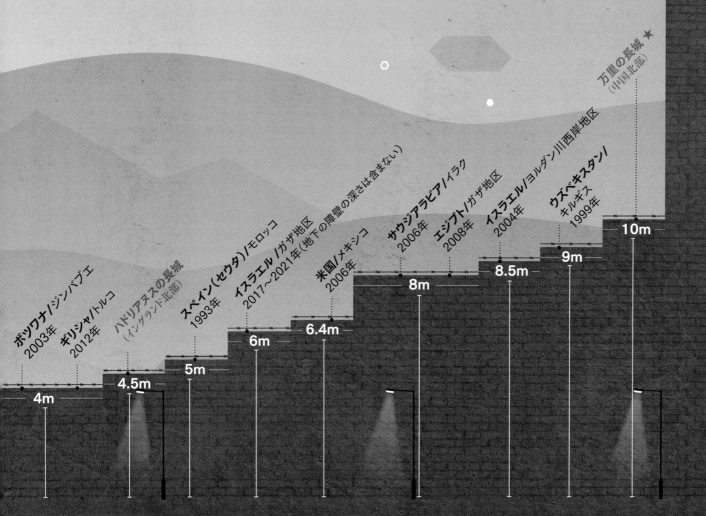

壁と移民 97

IV
特殊な国境

この章を「特殊な国境」と名付けることができたのは、地理学者にとっては実に喜ばしいことだ。ここでは、特殊な地理が、たどるはずのなかった複雑な歴史をたどったことで生まれた、珍しかったり特異だったりする状況──治外法権地域、無主地、飛び地などについて見ていく。

特殊な国境

治外法権地域から飛び地、ミクロネーション、不条理な国境に至るまで、国境に関する珍奇な事象は驚くほど多様であり、時にはそこに暮らす人々の生活を困難にしていることもある……

治外法権地域

本国が主権を持たない治外法権地域はまれだ。大使館は治外法権地域だと一般には思われているが、実はそうではない。あくまでも大使館が属する国の財産であり、不可侵である、というだけだ。イタリアのバチカン市国や、エルサレムなどの海外にあるフランス領やムンダの森、フランスをはじめとする各国に存在する外国人墓地（一般には「永久保護」）といった、特定の宗教的財産についても同様だ。アトス山としても知られる女人禁制のアトス自治修道士共和国は、ギリシャ領の一部でありながら大幅な自治が認められている。キューバのグアンタナモ湾の南部周辺一帯は、1903年の条約によって米国が永久租借することになり、この地域の完全な管理権と管轄権は米国のみが有している。小さいが象徴的な領土であるティウインサは、ペルーからエクアドルに譲渡され、1995年以来エクアドルが所有しているが、主権は依然としてペルーにある。

では、真の治外法権地域とはどのようなものなのだろうか。国際連合などの国際機関の本部が置かれている場所は、「国際領域」である。ローマにあるマルタ騎士団の中央政府も、国家のような国際法上の主権実体であるため、例外だ。さらに不明瞭なのが、キプロスにある英国軍基地だ。この地は英国の植民地なのだろうか。それとも英国の飛び地なのか。あるいは特殊な従属領なのか。この問題は、法的に未解決のままだ。

外交の微妙な駆け引きにより、一時的な治外法権地域が創設されることもある。フランスのノルマンディー地方にあるサンタドレスは1914年から1918年にかけて、ベルギーの首都だった。1999年から2002年にかけては、オランダ国内にスコットランドの飛び地としてキャンプ・ザイストが存在していたため、中立地帯での裁判というリビア側の要求に応える形で、ロッカビー事件の裁判が行われた。さらに、ユーゴスラビアの女王アレクサンドラが息子のアレクサンダー王子をユーゴスラビア領内で出産できるようにするために、ロンドンの高級ホテル、クラリッジズのスイートルーム212号室が1945年7月17日の1日だけユーゴスラビアに割譲されたという逸話もある。

無主地

私たちは世界が有限である時代に生きている。地図上には、どこにも属さない空白地帯、つまり無主地はほぼ存在しない。15世紀から16世紀にかけて、イングランド法もスコットランド法も適用されなかった「係争地」のような無法地帯も理論的には存在しない。

国際司法裁判所は、無主地について次のように述べている。すなわち、たとえ占領下にあっても、居住地や組織化された地域は無主地ではない。また、無主地はいかなる国家も領有権を主張してはならない。これに従えば、南極大陸（マリーバードランドを除く）

> 大使館は治外法権地域だと一般には信じられているが、実はそうではない。不可侵である、というだけだ

もパレスチナ自治区も無主地とは見なされない。また、キプロスの緩衝地帯にあるギリシャ人とトルコ人がともに暮らす村ピラも同様だ。

オランダ領内にあるベルギーの飛び地H22は、1996年まで無主地だった。現在、エジプトとスーダンの国境に位置する地域ビルタウィールの領土は、どの国にも属していない。1899年に英国が締結した条約に基づき、この地域を保護国エジプト王国との共同主権地域とした。その結果、エジプトか隣国スーダンのいずれかの国がこの地域の領有権を主張した場合、その国は、1995年よりエジプトの統治下にある隣接する小さな国境地域であるハラーイブ・トライアングルに対する自国の権利を失うことになる。クロアチアが管理する領土の一部は、どこの国からも領有権を主張されていない（セルビアとの国境沿いにあるリベルランドという狭い地域は、独立国家として組み込まれている）。また、スロベニアとの国境沿いにも同様の土地がある。最後に、モロッコとスペインは米国の仲介による合意により、両国ともにペレヒル島の領有権を主張していない。

「無人地帯」とは、キプロスや朝鮮半島など、前線に沿って、あるいは2つの国境検問所を隔てる地域にある「人がいない」空間を指す。1948年から1967年までイスラエル軍とヨルダン軍を隔てていたかつての無人地帯は、地図上では今も示されているが、実際にはイスラエルに併合されている。

飛び地

一般的な意味では、「囲い込む」を意味するラテン語「inclavare」に由来する「飛び地」とは、本領から隔てられた非島嶼国領土を指す。厳密に言えば、完全に他の国家に囲まれた領土のみを指す。そうでない場合は、「半飛び地」や「ほぼ飛び地」と呼ばれる。また、本国と1点のみで接している領土（オーストリアのユングホルツ）は「準飛び地」という。その規模は小さいことが多く（ただし、アラスカのように例外もある）、その存在は一般的に、遠い過去の遺物（封建制度）、戦争、植民地化、政治的・行政的な妥協、あるいは国際条約における曖昧さや誤りなどによって生じている。飛び地は海上に存在することもあり、モザンビークの海域に完全に囲まれたマラウイの2つの島、カナダの海域に囲まれたフランス領のサンピエール島・ミクロン島、ウルグアイの海域に囲まれたアルゼンチンのマルティン・ガルシア島などがその例だ。

アゼルバイジャンの自治共和国ナヒチェバンのように、飛び地が複数の国の間に位置している場合であっても、その領土が属する国は、そこを「飛び地」と称することができる。したがって、「ベルギーはオランダに飛び地を持っている」と言っても、「オランダにはベルギーの飛び地がある」と言っても、同じことだ。

多くの半飛び地は海に面していて、中には有名なものもある。アラスカ（米国）のほか、北アイルランドとジブラルタル（英国）、カリーニングラード（ロシア）、カビンダ（アンゴラ）、モロッコ内のスペインの飛び地などだ。ガザ地区は将来、パレスチナ国の飛び地となる可能性がある。また、ギアナとサンマルタン島のフランス領も半飛び地だ。あまり知

> 旧ソ連では、飛び地はしばしば紛争の原因となっている

> 複雑な分割プロセスが
> ないかぎり、近い将来、
> 意図的に新たな飛び地が
> 作られる可能性は低い

られていないものとしては、ポイントロバーツとエルム・ポイント（いずれも米国）、ネウム（クロアチア）、ムサンダム（オマーン）、オエクシ（東ティモール）、テンブロン（ブルネイ領）、ジュナーガド（イスラマバードによるとパキスタン領）などがある。

海に面していない半飛び地、特に「正真正銘」陸の飛び地（完全に他の国家に囲まれたもの）の数はより多く、その規模はより小さい。こうした半飛び地は、物資や人の移動に大きな問題を引き起こすことがよくあるが、時には隣国への立ち寄りを禁止した上で隣国を通過し、飛び地にアクセスする、という形を取ることで、部分的に解決されることもある。冷戦時代の最たる例は西ベルリンであり、占領終了（1955年）から統一（1990年）までの間、そこに12の西ドイツの小さな飛び地が加わった。これらの飛び地の運命は1988年の領土交換によって決まった。こういった飛び地は、2015年（クーチビハール問題の解決前）まで、250ほどあった。

ヨーロッパでは、飛び地は単に地理的な珍しさでしかない。フランス領内のスペインの飛び地リビア（1660年より）、スイス領内のイタリアの飛び地カンピョーネ・ディターリア（1512年より）、スイス領内のドイツの飛び地ビュージンゲン・アム・ホッホライン（1698年より）、ドイツ領内のオーストリアの飛び地ユングホルツ、セルビア領内のボスニア・ヘルツェゴビナの飛び地メジュレチエ、そしてキプロスにある英国軍基地内のキプロスの4つの飛び地（4つともEU域外にあるEUの飛び地であり、領土の一部が占領されている加盟国内にある）などがある。ベルギーはベルサイユ条約により、かつて戦略上重要な位置を占めていたフェン鉄道の敷地を領土とし、その結果領内にドイツの飛び地が5つ存在することとなった。一方、オランダにはベルギーの飛び地であるバールレがある。旧ユーゴスラビアも飛び地問題を抱えている（セルビア内のボスニアの飛び地、スロベニア内のクロアチアの飛び地）。

旧ソ連では、ソ連による少数民族の統治から引き継がれた飛び地が数多く存在し、現在も紛争が絶えないが、ベラルーシにあるロシアの小さな飛び地サニコボ＝メドベジェは例外だ。コーカサス地方での戦争において、アゼルバイジャンの飛び地ナヒチェバンは最終的に占領を免れ、1921年の条約以来トルコの後ろ盾を得て自治共和国となった。

「〇〇スタン」という国々とその国境の交点、さらには非合法活動の温床であるフェルガナ渓谷が位置する中央アジアでは、ソ連から引き継いだ状況はさらに複雑になっている。スターリンは、この地域に小さな共和国を創設しようとしていたといわれている。その境界線は地元の要望も考慮して決められた。この地域には、公式に認められた飛び地が7つと事実上の飛び地が1つ存在する。キルギスには、ウズベキスタンの飛び地が4つ（238平方キロという世界最大の陸上飛び地であるソフ地区を含む）と、タジキスタンの飛び地が2つ（カヤラチとボルフ）ある。ウズベキスタンには、キルギスの飛び地が1つ（事実上の飛び地であるバラク）と、タジキスタンの飛び地が1つ（サルバン）ある。

中東には、マダ（アラブ首長国連邦内のオマーン領）という非常に特殊な状況を除いて、飛び地はほとんど存在しない。そのマダには、アラブ首長国連邦の小さな飛び地ナワ村がある。飛び地内の飛び地、つまりは二重飛び地だ。

今後、複雑な分割プロセスがないかぎり、近い将来、意図的に新たな飛び地が作られる可能性は低い。ただし、独立したパレスチナ国の一環として、ヨルダン川西岸地区にあるイスラエルの入植地の一部については、そうした解決策が取られることは考えられる。

その他の珍しい状況
内陸国

飛び地は「内陸国」とは区別されるべきだ。内陸国とは、海への直接のアクセスを有しない国々を指し、その数は45カ国（リヒテンシュタインとウズベキスタンは、内陸国に囲まれた内陸国という、二重内陸国だ）ある。これに、部分的に承認された4つの国または地域（コソボ、ヨルダン川西岸地区、南オセチア、沿ドニエストル共和国）を加えることが

> ミクロネーション（自称国家）の
> 中で最も興味深いのは、
> 間違いなくハット・リバー公国だ。
> 英国王室の曖昧な条項の
> もとに独立を宣言した、
> 広大な小麦畑を
> 中心とした地域だ

できる。より正確には、完全に1つの他国に囲まれた国、すなわちバチカン市国、サンマリノ、レソトを指す。モナコとガンビアは、「半飛び地」と称する別のカテゴリーに属している。これらの国は、他の国に囲まれてはいるものの、海に面している。この海へのアクセスは、一部の国々（ボリビア）にとっては依然として大きな問題となっている。

回廊

歴史の中で、特定の領土、つまり特定の国境が、非常に特殊な地政学的目的のために「引き伸ばされた」可能性がある。アフガニスタンのワハーン回廊は、英国とロシア帝国（現在のタジキスタンとパキスタン）を分離する機能を有していた。これにより、英国はアフガニスタンを完全な「緩衝国」と認めるようになった。ナミビアのカプリビ回廊（ビスマルクの後継者にちなんで名付けられた）は、ドイツの植民地がザンベジ川へのアクセスを得て貿易を容易にするため、ドイツが併合したのだった。

三国国境

これもまた注目に値する場所で、3つの国の国境が1点に集まる地点を指す。三国国境は数多く存在する。

4つの境界が1点に集まる地点は、国内の行政区分ではよく見られるが、国境ではどうだろうか。

この答えはいまだに得られていない。四国国境が当てはまると思しき地球上で唯一の場所は南アフリカにあるが（ナミビア、ザンビア、ボツワナ、ジンバブエ）、果たしてそこは本当に4つの国境が1点に集まっているのだろうか。それとも、ほとんどの地理学者が信じているように、2つの三国国境（ナミビア、ザンビア、ボツワナと、ジンバブエ、ザンビア、ボツワナ）がわずか157メートルという距離を挟んで存在しているのだろうか。現地では、政治的および商業的な思惑が見え隠れしつつ、野心なしではありえない激しい議論が交わされていて、時に発砲騒ぎにまで発展することもある。

ミクロネーション

ミクロネーション（自称国家）についてはどうだろう。特に注目したい地域が3つある。リベルランドはすでに述べたように、クロアチアまたはセルビアのいずれに属するかがまだ定義されていない小さな領土だ（法的には無主地ではない）。また、北海のかつての砂堆の上に建てられていた要塞を領土とするシーランド公国も有名だ。しかし、最も興味深いのは、間違いなくオーストラリア西海岸のハット・リバー公国だろう。英国王室の曖昧な条項のもとに独立を宣言した、広大な小麦畑を中心とした地域だ。

共同主権

最後に、非常にまれな共同主権（コンドミニアム）について。世界でも類を見ない事例が、バスク地方を流れる、フランスとスペインの国境、ビダソア川に浮かぶフェザント島（キジの島とも呼ばれる）だ。この島はフランスとスペイン両国が共有しており、両国の地方軍当局が6カ月交代で島の総督を務めている。

35 グアンタナモ
キューバの中の米国

1903年以来永久租借している米国の海軍基地……

- 28キロにわたるフェンス。米国側は海兵隊が守り、キューバ側には地雷が仕掛けられている
- グアンタナモ湾。広大で水深もあるため、米海軍の艦船も停泊できる
- 司令部
- 宿舎
- 病院

……現在は治外法権の収容所として使用されている

- 屋外の檻まで備えた最初の収容キャンプ（旧キャンプ・エックスレイ）。1994年、クーデターに関与したハイチ人を勾留、隔離するために作られた。2002年1月、テロ容疑者用の収容キャンプとなる
- キャンプ・デルタ。600の独房を備え、キャンプ・エックスレイに代わる収容施設として建設された
- 軍の兵舎AV 624。弁護士やジャーナリストなどの定期的な訪問に対応するために改装された
- 裁判所

グアンタナモ湾にある米国の飛び地（116平方キロ）は、1903年以降、米国がキューバから永久租借している。ここには、本土以外の地域では最古の米海軍基地がある。2002年以降、「テロとの戦い」の一環として、35カ国（総勢約800名）の「不法戦闘員」の収容所にグアンタナモ収容キャンプが選ばれたのは、安全保障（隔離）と法的理由の両方による。米国は同施設に対する排他的管轄権を有していたが、その領土はキューバの主権下にあったため、ブッシュ政権は、被収容者の権利（人身保護）は、米国領土内に収容されている場合と同じではないと主張することができた。オバマ大統領は同キャンプの閉鎖を決定していたが、トランプ大統領はその決定を覆した。2024年末時点で、まだ30人の収容者がいる。

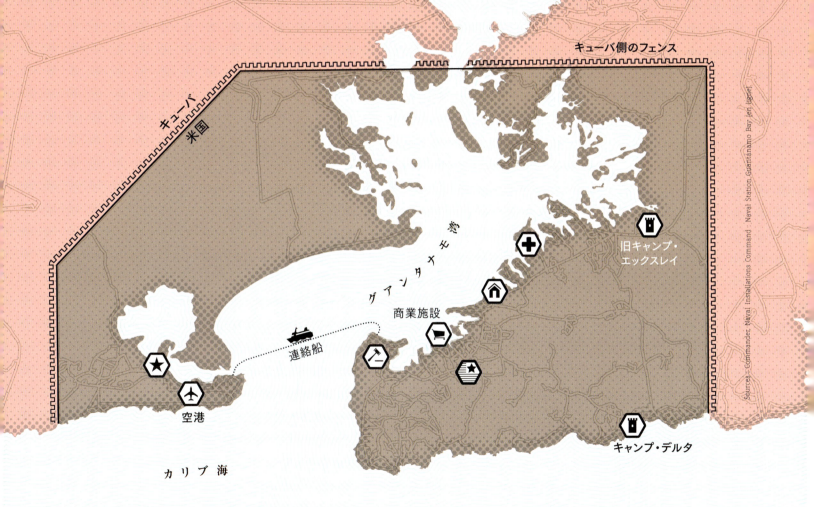

特殊な国境　105

36 クーチビハール
世界一複雑だった国境

クーチビハールには、面積が0.01平方キロから20平方キロまでの「チット・マハル（土地の断片）」と呼ばれるごく小さな飛び地が192もある。起源はムガル帝国（1713年の講和条約）にまでさかのぼる。そんな飛び地を、かつてはマハラジャや太守がチェスの駒のようにやりとりしたといわれ、1965年から1971年の宗教紛争時には避難先となった。しかし、3200キロにわたる国境が閉鎖されて以来、5万人の住民の生活はさらに困難になった。これらの飛び地には3つの飛び地の中にさらに飛び地があり、ダハラ・カグラバリ（6900平方メートル）というインドの領土を含むバングラデシュの領土がインドの領土の中にあり、その全体がバングラデシュにあるという、二重三重の飛び地が存在していたからだ。しかし2015年5月、両国はほぼ全面的な解決に達し、162の主要な飛び地（インド領111、バングラデシュ領51）の交換が行われた。これにより、ダハラ・カグラバリもバングラデシュに譲渡された。インドは40平方キロを放棄し、住民は国籍を自由に選択できるようになった。バングラデシュ最大の飛び地であるダハグラム・アンガルポタは、2011年より回廊で母国とつながっていたため、交換の対象とはならなかった。飛び地は、インドにとってデリケートな問題だ（テロ、移民、密売）。2万2000人の警備員と7万人の兵士によって守られている国境のそばにあるのがシリグリ回廊だ。ネパールとバングラデシュを隔てるこの細長い土地は、インドの国防上の弱点（チキン・ネック）でもある。1975年には、ネパールとブータンの緩衝地帯であるシッキム王国をインドが併合し、その領土を拡大した。

バングラデシュ
パキスタンの元飛び地

国境沿い
インド領内のバングラデシュの飛び地

106　国境アトラス

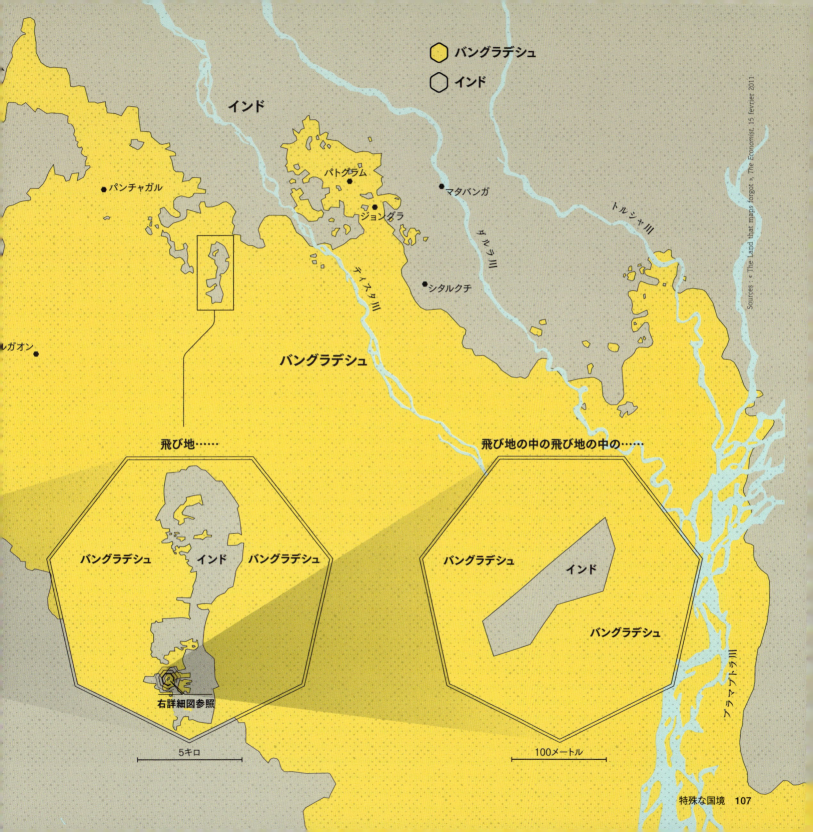

特殊な国境　107

37 バールレの飛び地
ベルギーとオランダの複雑な関係

中世以来、ベルギーはオランダに22の小さな領土（バールレ=ヘルトフ）を所有しており、その中には8つのオランダの飛び地（バールレ=ナッサウ）も含まれている。その境界は実に複雑で、家屋の正面玄関の位置でその家がどの領土に属するかが決まることもある（玄関が国境をまたいでいるために、2つの国籍を持っているという場合もある）。しかしいずれも平和裏に共存している。国境の通りに立ち並ぶバーやレストランでは、一方の国の閉店時間になると、まだ開いている隣国の時間に合わせてテーブルなどの位置（そして国）を変えている。

Sources : Site Internet des deux villes [fond de carte - Open Street Map].

特殊な国境　109

38 変わった国境（1）

この小さな島の中央を通る国境は非常に短く、また非常に複雑だ。1809年にスウェーデンとロシア帝国間で締結された条約によって画定された。1985年には、島の灯台がフィンランド領内に位置するように国境が変更されたが、スウェーデンが領土を失うことはなかった。

マーケット島
国境で分断された最小の島

このスペインの町はフランス領内にある。長い間はっきりしなかった状況は1866年に明確化された。中立道路を使うことで、スペイン国民はフランスの出入国審査を受けずに行き来することができる。

スペインの飛び地リビア
フランス領ピレネー山脈にあるスペインの一角

かつてドイツ領にあったこの旧鉄道線は、ベルサイユ条約（1919年）により、その周辺地域と線路沿いのほとんどの村と同様、ベルギー領となった。

フェン鉄道
ドイツ領内のベルギー鉄道

ビルタウィールは無主地だ。1899年の英国・エジプト同盟条約に基づき、エジプトか隣国スーダンのいずれかの国がこの地域の領有権を主張した場合、その国は、1995年よりエジプトの統治下にある隣接する国境地域であるハラーイブ・トライアングルに対する自国の権利を失うことになる。

ビルタウィール
無主地

このゴルフコースはフィンランドとスウェーデンの領土にまたがっている。ホールの1つは国境をまたいでおり、2つの国が同じタイムゾーンを使用していないため、プレー時間が複雑になる。

トルニオ
国境をまたぐゴルフコース

ホテル・アルベスは1895年に、フランスとスイスの国境にある土地の曖昧な状況（境界誤差）を利用しようと考えたオーナーによって建てられた。フランスもスイスもそれぞれこの地を自国の領土と見なしていた。

フランスとスイスの国境
国境のホテル

国境は現在のドナウ川に沿って引かれている、というのがセルビアの考えだが、クロアチアは、19世紀当時のドナウ川の流れ（赤線）を基にした境界線によって国境が引かれていると考えている。

セルビアとクロアチアの国境
今昔のドナウ川の流れ

「キジの島」とも呼ばれるこの島は、フランスとスペインの平和を確立したピレネー条約（1659年）が調印された場所（ルイ14世が結婚した場所）であり、1866年以来、フランスとスペインが6カ月ごとに主権を交代して共同統治する、世界でも珍しいケースだ。

フェザント島
共同統治の島

マラウイのこの2つの飛び地は、いずれかの島に英国の宣教師がいたため、英国に併合された。当時、この地域は英国の保護領であり、モザンビークはポルトガルの植民地だった。

マラウイ湖の島々
植民地の領有

キントレアル（バスク語でキントア）は、ロンセスバリェス近郊のスペイン国境沿いにある小さな領土だ。住民はフランス人で、フランスの統治下にある。その名前は古い税金（「キント」：放し飼いのブタの価値の5分の1）に由来する。

キントレアル
フランスが管理するスペイン領

特殊な国境 111

39 変わった国境（2)

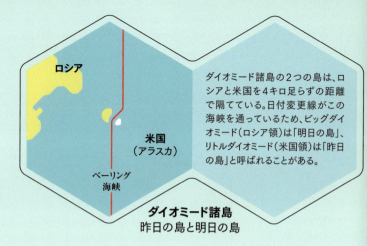

ダイオミード諸島の2つの島は、ロシアと米国を4キロ足らずの距離で隔てている。日付変更線がこの海峡を通っているため、ビッグダイオミード（ロシア領）は「明日の島」、リトルダイオミード（米国領）は「昨日の島」と呼ばれることがある。

ダイオミード諸島
昨日の島と明日の島

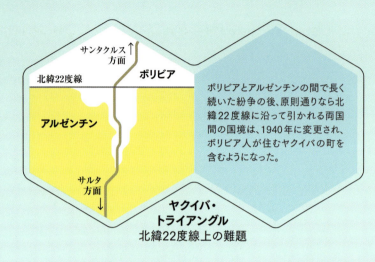

ボリビアとアルゼンチンの間で長く続いた紛争の後、原則通りなら北緯22度線に沿って引かれる両国間の国境は、1940年に変更され、ボリビア人が住むヤクイバの町を含むようになった。

ヤクイバ・トライアングル
北緯22度線上の難題

コアルー（ブルキナファソ）またはクールー（ベナン）の農村地域は、両国間の長年の紛争の対象であり、2009年に国際司法裁判所に問題が付託された。その間、この地域は「中立」と表現されてきた。

コアルー
穏やかな紛争

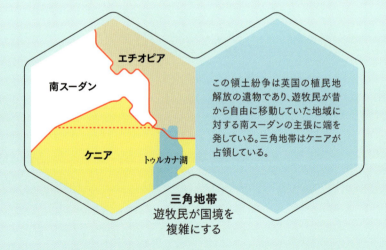

この領土紛争は英国の植民地解放の遺物であり、遊牧民が昔から自由に移動していた地域に対する南スーダンの主張に端を発している。三角地帯はケニアが占領している。

三角地帯
遊牧民が国境を複雑にする

オスマン帝国開祖の祖父の墓は、シリア領内のトルコの所有地にある。1973年に移転されたが、内戦の結果、2015年に再びトルコによって移転され、今度は国境により近い場所に移された。

スレイマン・シャー霊廟
問題を抱えた廟

北朝鮮 / 韓国 — 大成洞

この韓国の村は軍事境界線からわずか350メートルの非武装地帯に位置している。ここに住むことを許されているのは、戦前（1950年）からの住民とその子孫のみだ。

大成洞
人目につかない地

パスポート島

バーレーンとサウジアラビアを結ぶ橋が建設された際、両国は国際交通の安全を最大限に確保したいと考え、橋の中央に人工島を設け、そこに国境検問所を設置した。

パスポート島
税関の島

国道178号線

エストニアの国道178号線は、ロシア領内（サーツェ）を数百メートル通っている。エストニア人は、停車さえしなければ自由に通行できるが、国境の修正が検討されている。

国道178号線
停車禁止

ピラ

1974年、この村は他の3つの村とともに、国連がキプロスに設置した緩衝地帯に含まれた。しかし、ギリシャ系キプロス人とトルコ系キプロス人が「混在」しているのはピラだけだ。この村はまた、デケリアの英国軍基地に隣接してもいる。

ピラ
国連の保護下にあるキプロス

ブルチコ

クロアチアと国境を接するボスニア・ヘルツェゴビナのブルチコ地区は、セルビア共和国の南北を隔てている（ポサビナ回廊）。ブルチコ地区は、ボスニア・ヘルツェゴビナ連邦とボスニア・セルビア共和国の両方に属している。

ブルチコ
ユーゴスラビアの悲劇の遺産

特殊な国境　113

Sources : Conception personnelle, Bruno Tertrais

40 さまざまな記録を持つ国境

最短の国境
80m

最古の国境
1278年

最長の国境
8991km

最新の国境
2011年

越境者数が最多の国境
ティフアナの国境検問所だけで
1日当たり20万人

宇宙から見える唯一の国境
国際宇宙ステーションから夜間でも監視システムが確認できる

最も低い位置にある国境
－420m

最も多くの領有権の主張が集まっている場所
アルゼンチン、オーストラリア、チリ、フランス、ノルウェー、英国、ニュージーランド

最も高い位置にある国境
標高8848m

最も深い位置にある国境との主張
2007年、ロシアは北極海の水深4261m地点にロシア国旗を立てた

Sources diverses.

特殊な国境　115

日付変更線
大きな時差……

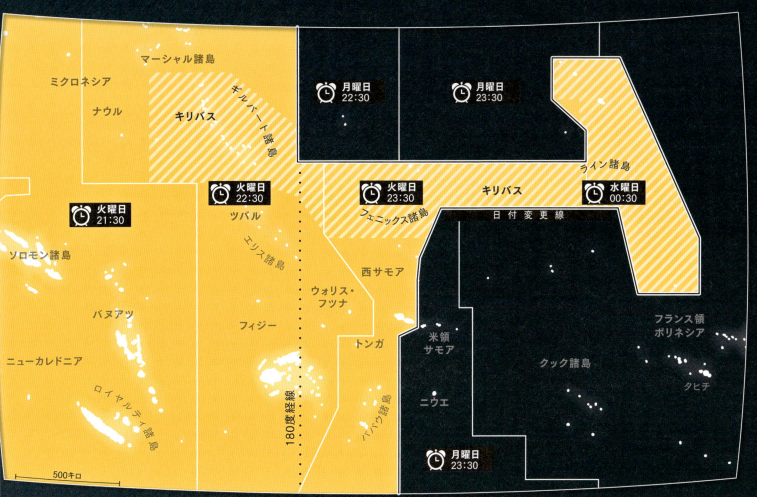

　日付変更線は、グリニッジ子午線の反対側にある180度経線に沿っており、太平洋を横断する旅行者にとっては特に厄介だ。時刻は変更せずに日付のみを1日分進めたり遅らせたりしなければならない。日付変更線がこの地点に恣意的に設定されたのは人口密度の少なさゆえだが、この日付変更線をまたいで暮らしている太平洋諸島の住民は、簡単に「過去」や「未来」に行くことができる。キリバス諸島の住民の場合、その領土の一部は、グリニッジ標準時より14時間進んだタイムゾーン（GMT+14）にある。英国で火曜日の午前10時30分は、ニウエでは月曜日の午後11時30分に相当し、キリバスのライン諸島では水曜日の午前0時30分となる（つまり、この島々の住民が最初に2000年を迎えた）。日付変更線は固定されてはいない。例えばサモア諸島は、2011年の終わりに日付変更線のアジア側に移動することで丸一日を失った。日付変更線が最も象徴的な意味を持っているのがベーリング海峡だ。日付変更線は2つの大陸だけでなく、潜在的な敵対国である2つの国、わずか4キロほどしか離れていないリトルダイオミード（米国領）とビッグダイオミード（ロシア領）という同じ列島に属する2つの島をも隔てている。冷戦時代に、スペインとポルトガルを隔てていたトルデシリャス子午線とサラゴサ子午線を彷彿させる。

特殊な国境　117

科学者のための氷の砂漠……　　……期待が高まる

◇ 各国の科学基地（100以上ある）
下記は主要国の基地
 中国　 米国
 フランス　ロシア
── マクマード南極点道路
 2017年12月より海洋保護区

鉱物資源
 石油　天然ガス
石炭　金属

海洋資源
 オキアミが集まる海域
 観光エリア

氷冠がなければ、連続した広い大陸とはならない

氷冠あり

氷冠がない場合に現れる土地

── 領有権主張の制限線

チリ

アルゼンチン

英国

ノルウェー

未主張

ニュージーランド

フランス

オーストラリア

＊南極条約により領土権は凍結されている。

118　国境アトラス

南アメリカ

南太平洋

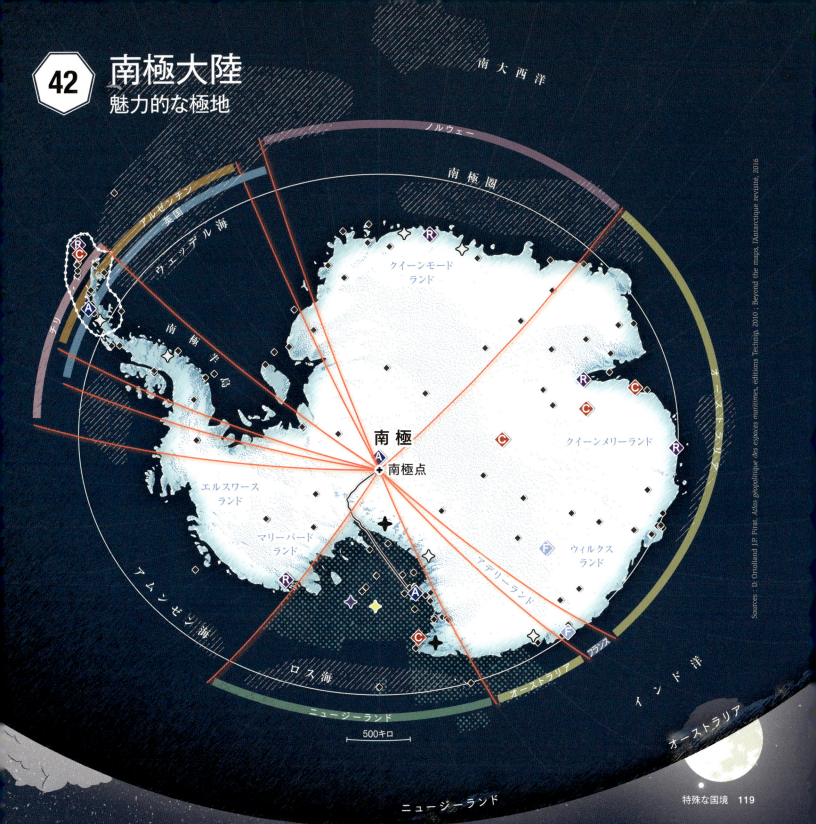

43 内陸国
海から離れて……

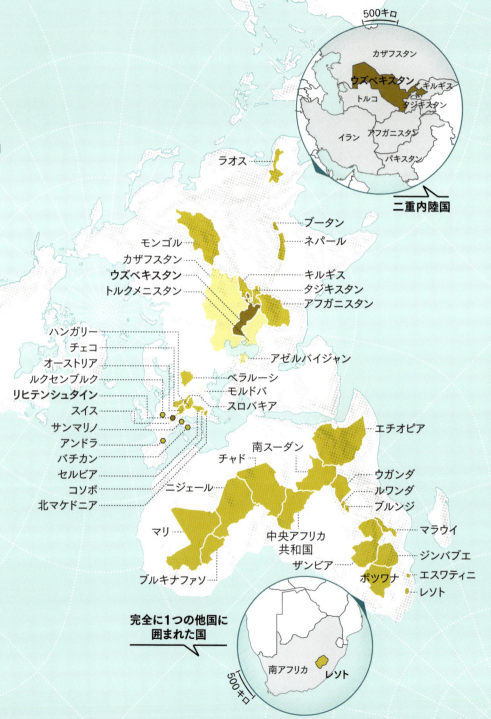

- 二重内陸国。海にアクセスするには2つの国境を越えなければならない（閉鎖性海域を除く）
- 海岸へのアクセスがない内陸国
- 閉鎖性海域の海岸線にアクセスできる国
- 船舶が航行可能な川を経由して海にアクセスできる国

二重内陸国

完全に1つの他国に囲まれた国

120　国境アトラス

44 国家とは何か?
さまざまなカテゴリー

国際法において、国家とは領土、住民、主権政府、国際的な承認を前提とする。それゆえ、国連が定義する非自治地域、分離独立地域、国連が承認する国家、限定的な承認を得ている国家など、いわゆる「準国家」の地位については、不確実性が伴う。

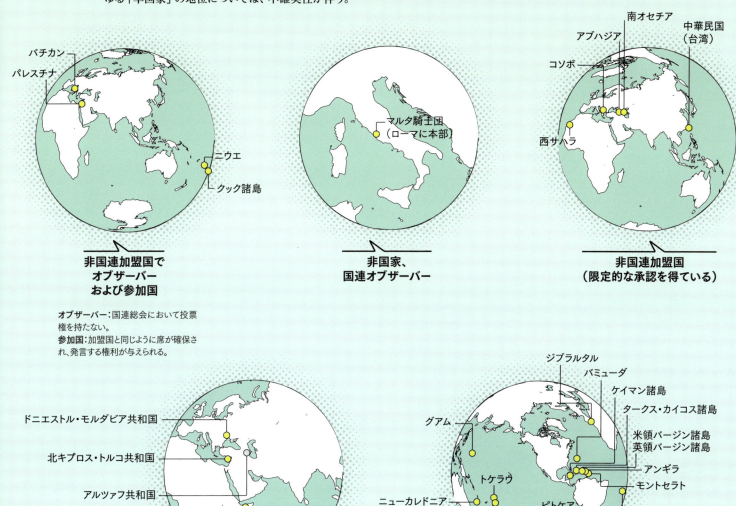

オブザーバー：国連総会において投票権を持たない。
参加国：加盟国と同じように席が確保され、発言する権利が与えられる。

Source : Nations unies

特殊な国境

45 5つの占有形態

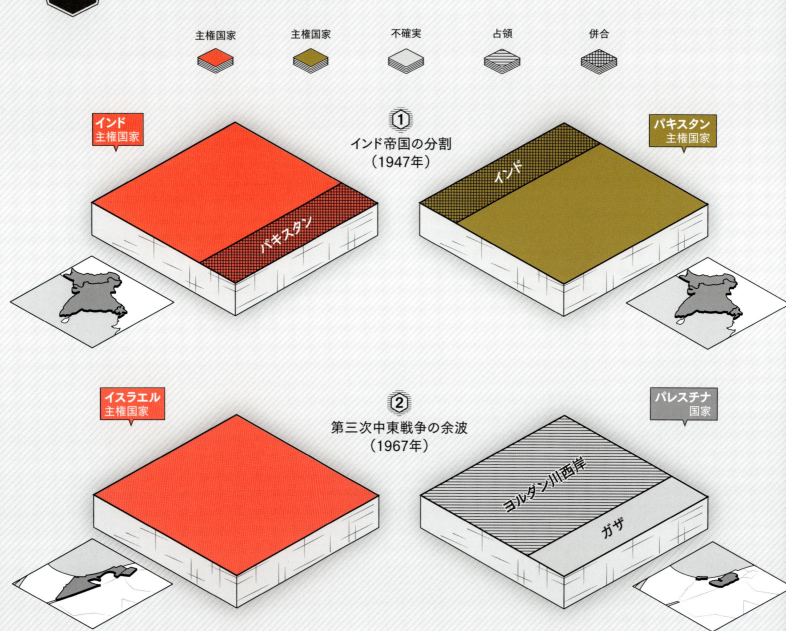

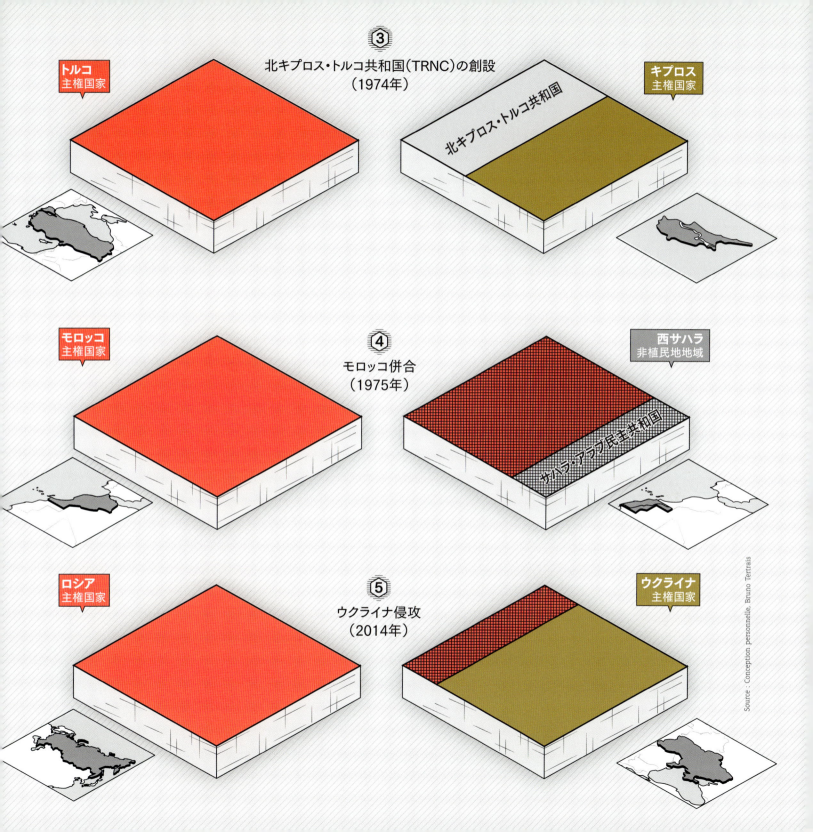

V
国境紛争

国境は平和を促進するものなのだろうか。それとも紛争をもたらすものなのか。本書巻末の引用文が示唆しているのとは反対に、国境と紛争の関係は単純でも一義的でもない。大きな領土紛争は60ほどある。中には、武力を行使してでも承認された自国の国境をはるかに越えて影響力を広げようとしている大国もある。

国境紛争

　関係する2国間が明確な認識を持った上で、必要に応じて定められた国境は、概して平和の産物だ。「国境は平和が実現したことを意味する」とはミシェル・フーシェの弁だ。さらに国境は、平和な関係を促進もする。国境を正当なものとして受け入れ、齟齬を解消した国どうしが戦争に陥る可能性は低い。つまり国境が「好循環」をもたらすのだ。

　しかし、逆もまた真なり、だ。実際、暴力行為を伴った二国間紛争の大半は、植民地解放や分離から続く未確定のままの国境をめぐって膠着状態が続いている。例えばペルーとボリビアは、海へのアクセスに端を発した戦争を頻繁に行っている。だが、国境の画定だけが問題ならば、ほとんどの場合それは「戦争の原因」ではなく、単なる「口実」に過ぎないと言えるだろう。エチオピアとエリトリアの間の悲惨な戦争が、バドメ村をめぐる些細な国境紛争から引き起こされたなどと信じられるだろうか。イラクを率いていたサダム・フセインが、まだ成立間もないイラン・イスラム共和国を重大な脅威と認識していなかったなら、シャットゥルアラブ川の国境線が間違っているという口実でイランに侵攻しただろうか。地理学者のジャーク・アンセルが「国境の問題などない。あるのは国家の問題だけだ」と述べたように、ミシェル・フーシェもまた「国境の問題などない。あるのは国境をめぐる（国民を含めた）国家間の関係の問題だけだ」と書いている。

　国境の画定においてデリケートな問題となってくるのが資源の共有だ（カタールとバーレーン、スーダンと南スーダンなど）。隣国どうしが同じ油田やガス田を開発している場合は特に難しい。実際問題、一方の国はもう一方の国の地下にあるものを汲み上げることができる。だが、両国が海域をめぐって争う場合、それは少なくともその資源管理のためというよりは、それぞれの国のナショナリズムの表明、またはその土地の戦略的価値のためだ。

　国境問題は国の威信に関わる問題であり、国民の感情も明確になりやすい。インドでは、国境線を間違えた不運な地図製作者は罰金を科せられる。中国のパスポートには、同国が領有権を主張する「南シナ海」が記されている。Googleマップは賢い。どちらか一方の国に味方するのではなく、ユーザーがいる国から見た国境線を表示している。

　国境画定と監視の欠如は、テロリスト集団の越境を許すという別の形でも紛争の原因となる可能性がある。バルカン作戦では、フランスがイスラム過激派を掃討すべく、サハラ砂漠南部のサヘル地域北側の国境付近に介入した。

　このように、国境は平和をもたらすこともあれば、戦争をもたらすこともある。

> このように、
> 国境は平和をもたらす
> こともあれば、
> 戦争をもたらす
> こともある

紛争と仲裁

　現代では、ウティ・ポシデティス・ユリス原則が平和を推進している。それは確かだ。この原則では、独立国家の正当な国境は、その国家が独立前に従属していた地域と同じ国内国境を維持すべきであると定められている。この原則は、国際仲裁裁判によって問題が解決されるようになっていった19世紀

に登場し、1945年以降定期的に適用され、1986年に国際司法裁判所（ICJ）によって制定された。適用可能な場合、この原則は国境紛争を防止または解決するための最も単純かつ効果的な方法となる。

　仲裁は次第に、紛争解決のための好ましい手段となってきた。第二次世界大戦の終結以来、ICJは41件の事件を審理し、そのうち2件は前例となった（カメルーン／ナイジェリア、タイ／カンボジア）。さらに2023年時点で5件が係争中だ。各国はハーグにある常設仲裁裁判所に訴えることもできる。この裁判所はICJよりも裁量権の大きい政府間組織だ。スロベニアとクロアチアも、ピラン湾の海上国境をめぐってこの裁判所で争っている。国連海洋法条約（UNCLOS）に基づいて国際海洋法裁判所も発足したが、こちらはあまり利用されていない。

> 国境はほとんどの場合、「戦争の原因」ではなく、単なる「口実」に過ぎない

46 国境紛争
対立する近隣諸国

地球上のほとんどの国が国境問題を抱えている。昔から続いているもの（植民地解放、独立、未解決の紛争など）が多いが、中には最近のもの（資源の発見による海洋紛争）もある。主なもの（単純な境界紛争ではなく、実際の領土問題を扱うもの）だけで約60件ある。最も古いものはラテンアメリカ（18世紀）にあり、最も影響を受けていない地域は西ヨーロッパだ。こうした国境紛争は、主要な二国間政治紛争の半分以上を占めている。3分の1以上が、一度は武力攻撃を受けている。原因は、植民地時代の境界線の拒否、民族の分離、条約の誤りまたは不正確さ、停戦後に境界線が引かれないなど、非常に多様だ。そして、多くの紛争が未解決のままとなっている。だが平和的な紛争もある。係争中の島にデンマーク人とカナダ人が交互にやって来て国旗を立て、それぞれの国の酒を置いていった、という話もある。そうかと思えば、逆に激化している紛争もある。海上国境の画定が、権力の主張と資源の搾取の拡大という状況の中で、対立の火種となっているのだ。

＊2021年以降、紛争は解決済み。

南北アメリカ
1 | カナダ／デンマーク（ハンス島）＊
2 | カナダ／フランス（サンピエール島・ミクロン島）
3 | カナダ／米国（マキアスシール島）
4 | グアテマラ／ベリーズ
5 | ニカラグア／コロンビア（大陸棚）＊
6 | ニカラグア／コロンビア（サンファン川）
7 | ガイアナ／ベネズエラ
8 | フランス／スリナム（マロニ川諸島）
9 | チリ／ボリビア（シララ海域）＊
10 | アルゼンチン／英国（フォークランド諸島）

ヨーロッパ
11 | ロシア／エストニア
12 | ドイツ／オーストリア／スイス
13 | スロバキア／ハンガリー
14 | ロシア／ウクライナ
15 | ウクライナ／ルーマニア（マイカン島）
16 | アルメニア／アゼルバイジャン
17 | ジョージア／ロシア
18 | ギリシャ／トルコ
19 | スペイン／ポルトガル（オリベンサ）
20 | フランス／イタリア（モンブラン）
21 | イタリア／オーストリア（南チロル）
22 | スロベニア／クロアチア（ピラン湾）
23 | スペイン／モロッコ
24 | スペイン／ポルトガル（セルバジェンシュ諸島）
25 | スペイン／モロッコ（ジブラルタル）

中東
26 | イスラエル／レバノン（海上国境、2022年に合意）＊
27 | イスラエル／レバノン（陸上国境）
28 | イラン／アラブ首長国連邦

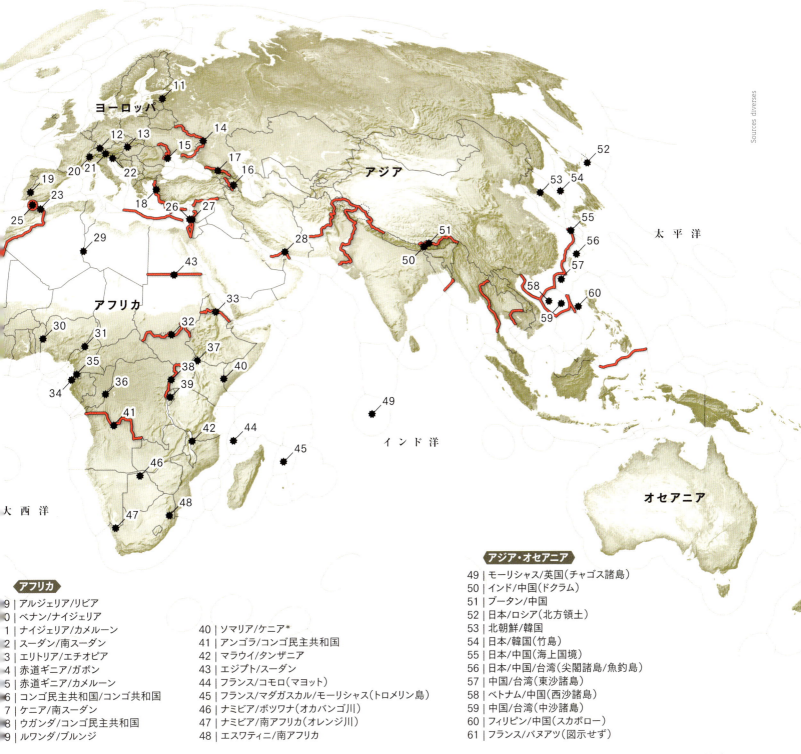

アフリカ

- 9 | アルジェリア/リビア
- 10 | ベナン/ナイジェリア
- 31 | ナイジェリア/カメルーン
- 32 | スーダン/南スーダン
- 33 | エリトリア/エチオピア
- 34 | 赤道ギニア/ガボン
- 35 | 赤道ギニア/カメルーン
- 36 | コンゴ民主共和国/コンゴ共和国
- 37 | ケニア/南スーダン
- 38 | ウガンダ/コンゴ民主共和国
- 39 | ルワンダ/ブルンジ
- 40 | ソマリア/ケニア*
- 41 | アンゴラ/コンゴ民主共和国
- 42 | マラウイ/タンザニア
- 43 | エジプト/スーダン
- 44 | フランス/コモロ（マヨット）
- 45 | フランス/マダガスカル/モーリシャス（トロメリン島）
- 46 | ナミビア/ボツワナ（オカバンゴ川）
- 47 | ナミビア/南アフリカ（オレンジ川）
- 48 | エスワティニ/南アフリカ

アジア・オセアニア

- 49 | モーリシャス/英国（チャゴス諸島）
- 50 | インド/中国（ドクラム）
- 51 | ブータン/中国
- 52 | 日本/ロシア（北方領土）
- 53 | 北朝鮮/韓国
- 54 | 日本/韓国（竹島）
- 55 | 日本/中国（海上国境）
- 56 | 日本/中国/台湾（尖閣諸島/魚釣島）
- 57 | 中国/台湾（東沙諸島）
- 58 | ベトナム/中国（西沙諸島）
- 59 | 中国/台湾（中沙諸島）
- 60 | フィリピン/中国（スカボロー）
- 61 | フランス/バヌアツ（図示せず）

国境紛争　129

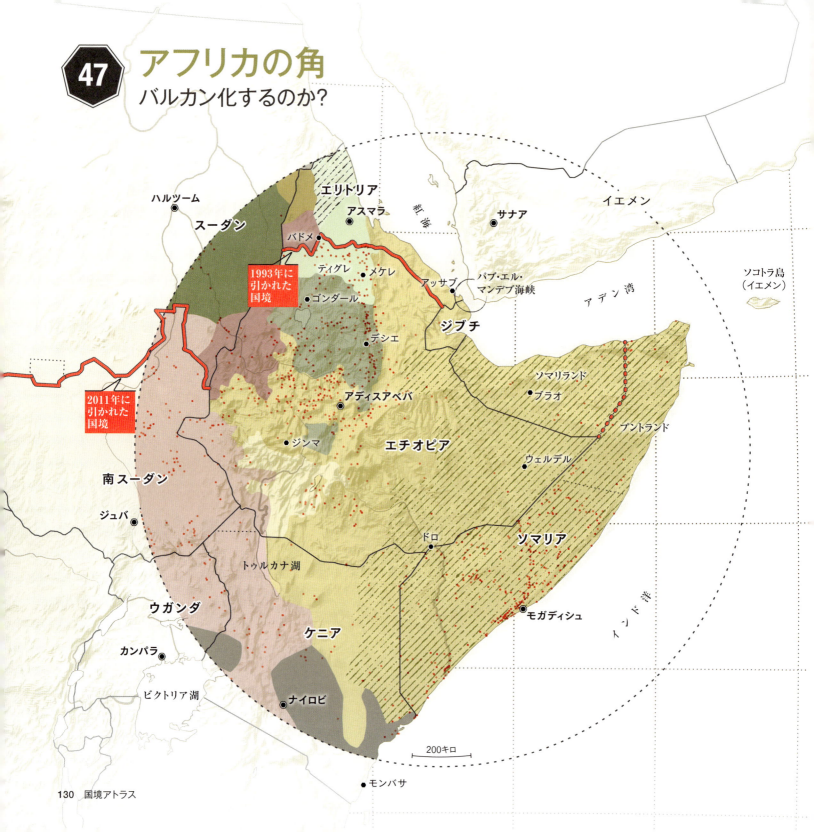

新たな国境と地域の不安定化

— 領土分離により新たな国家が誕生し、その後作られた新たな国境。アフリカにおけるこの2つの例外的な状況は、植民地からの解放に伴う国境の不可侵性の原則に疑問を投げかけている（アフリカ統一機構のカイロ宣言、1964年7月）

--- 自称独立国家（1991年以降ソマリランド）の未承認の国境

⁂ 2020年から2024年の間に、少なくとも5人が死亡する致命的な攻撃のあった場所

言語的側面

アフリカ・アジア系言語
セム語
- アムハラ語
- ティグリニャ語
- アラビア語
- ティグライ語

クシ語
- ベジャ語
- ソマリ語
- その他
- オモ語

ナイル・サハラ語族の言語
- 東スーダン語
- その他

ニジェール・コンゴ語族の言語
- バントゥー語

アフリカの角は民族多様性に富む地域で、植民地解放に伴う分裂もあり、何十年にもわたって、領土と国境が不安定な状態が続いている。1952年にエチオピア帝国に編入されたイタリア領エリトリアは、1993年にエチオピアから分離独立。1990年代後半にはアディスアベバとの激しい戦争が勃発し、最終的な和解が成立したのは2018年になってからだった。エリトリアと国境を接するエチオピアのティグレ州の不安定な情勢は2020年に再燃した。また、フランス領のアファル人とイッサ人は1977年にジブチとして独立した。そして、1960年に独立したソマリアの領土は、1991年に分離独立した旧イタリア保護領と旧英国保護領（ソマリランド共和国）を統合したものだった。エチオピアとソマリアは構造的に対立関係にある（1960年代と1970年代のオガデン紛争）。1956年に独立した英系エジプト人のスーダンの歴史にも、血なまぐさい内戦（2011年の南スーダン分離）の影がまとわりついている。

Sources : M. Foucher, Frontières d'Afrique. Pour en finir avec un mythe, CNRS Editions, 2014 ; J. Sellier, Atlas des peuples d'Afrique, La Découverte, 2011

国境紛争 131

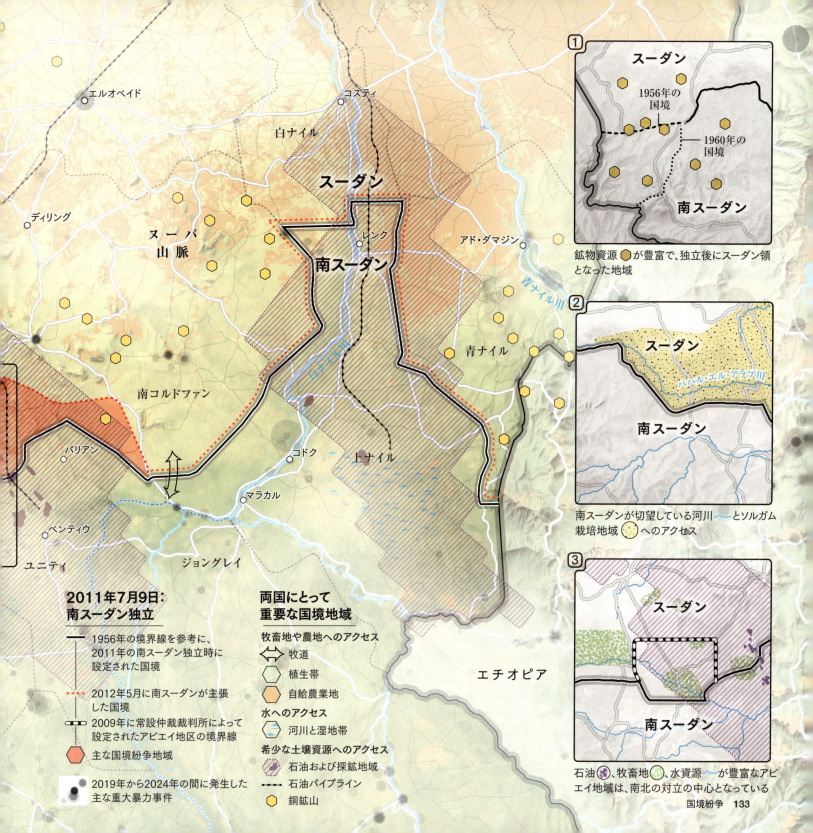

聖戦激化

● 2011～2013年：アルカイダの拠点
  ● イスラム・マグレブ諸国のアルカイダ

● 2017～2018年：三国境地帯周辺での
  過激派グループの増加
  ● イスラム教とイスラム教徒を支援するグループ
  ● 大サハラのイスラム国
  ● マシナ解放戦線
  ● その他（アンサール・ウル・イスラム、ボコ・ハラム）
  ○ 三国境地帯

クーデターの拡大

マリ
★ 2020年8月
★ 2021年5月

ニジェール
★ 2023年7月

ブルキナファソ
★ 2022年1月　★ 2022年9月

● 2020年から2024年の間に行われた暴力行為により、
  少なくとも5人が命を落とした場所

脱フランス

⬡ G5サヘル国：テロと戦うために2014年に
  サヘル5カ国間で設立された地域軍事協力の枠組み

⬡ 2024年までに、モーリタニアとチャドのみが
  加盟国として残る

⊗ 2023年、2013年に設立されたMINUSMA
  （国際連合マリ多元統合安定化ミッション）が終了

⬢ 現在のフランス軍基地

⊗ 閉鎖されたフランス軍基地

地中海
リビア
サハラ
サヘル
ファヤ
チャド
アベシェ
ヌジャメナ
スーダン
カメルーン
中央アフリカ共和国
ヤウンデ

Sources : Acled, World Atlas of Illicit Flows, Interpol, Rhipto, The Global Initiative Against Transnational Organized Crime, 2019 ; Banque mondiale ; ONU ; Crisis Group ; Le Monde du 11 octobre 2020

国境紛争　135

50 ヨルダン川西岸地区
係争中のルート

「セキュリティーフェンス」ともいわれるイスラエルの分離壁は、主にテロリストの侵入を阻止することを目的に建設された。この分離壁は、「1967年の国境」とも称されるグリーンラインの近くに建設されているが、1967年の国境という言い方は2つの意味で間違っている。まず、このラインは1949年に引かれた停戦線に過ぎないもので、国際法上、両者の主張を消滅させるものではない。また、分離壁は、発砲が行われる危険地帯や人口密集地（分離帯の設置が困難な地域）など、全体の約10％に当たるリスクの高い地域にしか建設されていない。この壁はイスラエルの総意のもと、イツハク・ラビン労働党政権が設計し、アリエル・シャロン政権時に建設された。その複雑さはその長さに表れている。完成すれば700キロ以上と、グリーンラインの2倍の長さになり、グリーンラインに沿った部分はわずか20％となる。実際、この壁はヨルダン川西岸地区を貫いて2つの中央入植地に向かい、エルサレムを越えて延びている。イスラエル最高裁判所の命によりグリーンラインを越えた壁の範囲を17％から9％に減らしたにもかかわらず、合計で約550キロの壁がヨルダン川西岸地区に建設されている（2004年、国際司法裁判所は、壁の経路がグリーンラインを越える部分の建設は違法であるとの判決を下した）。このエリアは、オスマン法の解釈を盾に「一時的に接収」されている。この壁に対して向けられている批判の中には、パレスチナ人の生活をより複雑にする、いつの間にかこれが将来の国境になってしまう、などがある。逆説的だが、こうした批判は、パレスチナ自治政府からも、独立国家の樹立を望まないイスラエル極右からも同じようになされている。

アレンビー橋の渡り方

D 出発地点
A 到着地点
→ ヨルダン川西岸地区を走る専用のバスに乗車
---- 国境

① イスティラハ　パレスチナ支配下にある待合所
② アラミ検問所　ここからイスラエル支配地域
③ 142番ゲート
④ イスラエルのターミナル
⑤ 「手荷物受取所」
⑥ アレンビー橋　パレスチナ人待機所、ヨルダンへ入国
⑦ ヨルダンのターミナル　（1〜7までバスで7〜12時間）

51 パレスチナ
あやふやな国

　1949年の第一次中東戦争の停戦合意の結果、3つの地域が形成された。イスラエル、エジプト占領下のガザ地区、ヨルダン占領下のヨルダン川西岸地区（グリーンラインによってイスラエル領から分離）だ。第三次中東戦争の後、イスラエルはガザ地区とヨルダン川西岸地区を占領した。オスロ合意（1993年）により、地域は、A地域（パレスチナが治安と行政権を保持）、B地域（イスラエルが治安を、パレスチナが行政権を保持）、C地域（イスラエルが治安と行政権を保持）の3つに区分された。2005年にイスラエルはガザから撤退し、2007年にハマスがガザの支配権を握った。2020年に発表された米国の和平案では、イスラエルの支配下にある回廊で結ばれたヨルダン川西岸地区とガザ地区からなるパレスチナ国家の設立が想定されていた。しかし、この計画は、大幅な領土の再分割、領土交換、西岸地区へのイスラエル人入植地の設置、そしてヨルダン渓谷のイスラエルによる併合などを伴うものだった。

1949〜1993年

- イスラエル
- エジプトとヨルダンが占領し、1967年以降はイスラエルが占領
- 1949年の停戦ラインは1967年まで尊重された。これは将来のパレスチナ国に向けた1993年のオスロ合意の基礎となった
- ゴラン高原：1967年以来イスラエルが占領しているシリア領土

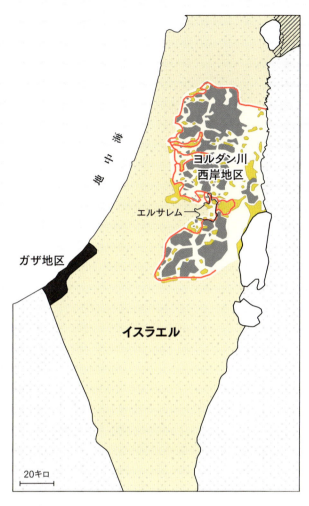

2024年

ヨルダン川西岸地区

オスロ合意に基づき、パレスチナ自治政府が統治する地域……

- ⬢ ……AおよびB地区（混合統治）
- ⬡ イスラエルが統治するC地域
- ⬢ イスラエルの入植地
- ― 2002年からイスラエルによって建設された分離壁

ガザ地区

- ⬢ ハマスが支配する地域

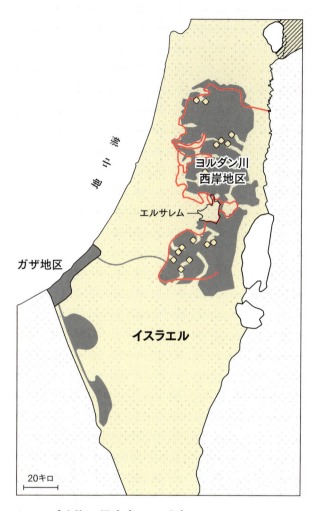

トランプ政権の提案（2020年）

- ⬡ イスラエル
- ⬢ パレスチナ
- ◇ イスラエルの飛び地

Sources : «Vision for peace, administration américaine, 2020 ; OCHA ; F. Encel, Atlas géopolitique d'Israël, Autrement, 2018

国境紛争　139

52 ガザ
2023年10月7日の衝撃

オスロ合意（1993年）に基づき、イスラエルはガザ地区の空域と海域へのアクセスを管理し続けた。イスラエル国境沿いにはセキュリティーフェンス、いわゆる「鉄の壁」が築かれ、2001年からは幅1キロの「緩衝地帯」が設けられた。2005年のイスラエル撤退後、この緩衝地帯はさらに強化された。ガザ地区の南側では、エジプトが「フィラデルフィア回廊」を占拠し、緩衝地帯を作った。2023年10月7日現在、ガザ地区に出入りできる陸上の検問所は3カ所のみで、イスラエルがそのうちの2カ所（北のエレズは人と物資の通過、南のケレム・シャロームはエジプトからの物資の通過）を、エジプトが1カ所（ラファは人のみ）を管理している。イスラエルは、物資や人の移動が条件付きで可能であることを理由に「封鎖」という表現に異議を唱え、イスラエル軍が常駐していないことから「占領」という表現にも異議を唱えた。また、過去20年間に、物資の密輸やテロリストの侵入に使用されていた多数のトンネルが、両国の国境で閉ざされた。2023年10月7日、少なくとも2500発のロケット弾が発射されたほか、ハマスやその他のテロ組織に属する2000人以上が、防壁に約30カ所の突破口を開け、バイクやピックアップトラックなどでイスラエル領内に侵入した。また空からは、一部の勢力がパラモーターで国境から30キロ離れたオファキムまで侵入している。

Sources : ISW, Critical Threats ; WarMapper ; OCHA. D'après «Un journal Le Monde, «Guerre Israël-Hamas : six mois après l'attaque du 7 octobre 2023, le bilan de l'offensive israélienne à Gaza», 5 avril 2024

ヨルダン川西岸地区

2023年10月7日の攻撃後、ガザにおけるイスラエルの軍事戦略の主な出来事

2023年10月7日
ハマスによる
イスラエル領土への攻撃

2023年10月7日〜27日
安全確保と爆撃

2023年11月24日〜30日
人道的停戦

2023年10月27日〜
北方への地上攻勢

2023年12月
攻撃はハーン・ユーニスにまで拡大

2024年5月
ラファへの攻撃

国境紛争 141

53 エルサレムのフェンス
安全保障から併合へ？

地理的に見ると、エルサレムはイスラエル領土の東側に突出した場所に位置している。政治的には、第三次中東戦争中に征服された市の東部は1982年に事実上イスラエルに併合され、そのため市の境界はグリーンラインを越えて広がっている。行政区画（大エルサレム）としては、その面積は1967年以来10倍に拡大している。市の東にあるいわゆる「E1地区」の問題は重要である。この場所では、セキュリティーフェンスのルートがグリーンラインから数キロ離れたところまで延びていて、マアレ・アドゥンミームなどの大規模なイスラエル人入植地を囲んでいる。このようなイスラエルの占領政策が継続されると、東エルサレムをパレスチナ国家の首都として確立することが困難になるだろう。そこに住むアラブ人は今や「永住者」の地位を有している。

2つの民族の間にある境界

- **グリーンライン (1949-1967)**
  将来のパレスチナ国家に向けたオスロ交渉の根幹
- **自治区の境界線**
  1967年の第三次中東戦争後、イスラエルが引いたもの
- **建設済みまたは建設中のセキュリティーフェンス**
  イスラエル人にとって：テロリストの侵入を防ぐもの
  パレスチナ人にとって：事実上ヨルダン川西岸地区の大部分を併合し、パレスチナ人の自由な移動を妨げるもの

- イスラエルの検問所
- イスラエルの支配下にある地域
- イスラエルの入植地
- イスラエルの開発プロジェクト
- パレスチナの支配下にある地域
- パレスチナ人入植地

Sources : ONU, Bureau de la coordination des affaires humanitaires ; Foundation for Middle East Peace. [Fond de carte : Open Street Map].

エルサレム旧市街
あまりにも神聖な地域

　旧市街の状況だけ見ても、この地域の複雑さと緊張が分かる。長い間、非公式に4つの文化圏（アルメニア教、キリスト教、ユダヤ教、イスラム教）に分かれていた旧市街では、ユダヤ人の存在が復活しつつある。一方、嘆きの壁の西側に位置し、ヨルダンの宗教当局が管理するモスクの広場は、宗教的な関心の中心となっている。1990年代に米国が提案した和平案は、イスラム教徒の聖地でもあるユダヤ教の神殿の丘に対する複雑な解決策を想定していた。エルサレムを国際領土（分離体）とする国連の計画（1947年）が復活する可能性はまったくない。

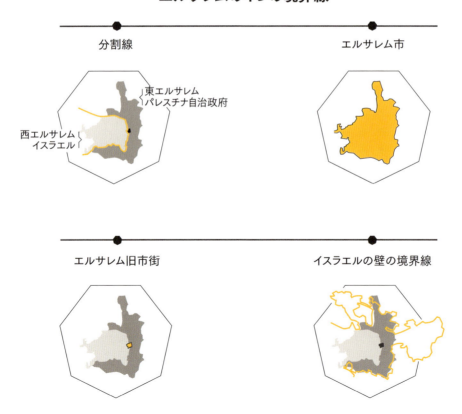

エルサレムの4つの境界線

国境紛争 145

ゴラン高原
国境が複雑に交わる地

　国連の何十年にもわたる呼びかけにもかかわらず、中東では国境は「確実でもなければ承認されてもいない」(ミシェル・フーシェ)。イスラエル北部、レバノンとシリアとの国境が接する地であるゴラン高原には、地球上で最も複雑で最も問題の多い国境地点の1つがある。イスラエルがレバノンとの国境を具体化するために設置した「テクニカルフェンス」(2000年までは「グッドフェンス」と呼ばれていた)は、ブルーラインから数十メートル内側に位置している。ブルーラインは、2000年に国連が定めた国境で、おおよそ1949年の停戦ライン(それ自体は1923年の委任統治ラインと同じ)に沿っている。一方、イスラエルは、ブルーラインの南にある小さな領土シェバー・ファームズをシリア領ゴラン高原とともに併合した。シェバー・ファームズの帰属はこれまで明確になっておらず、現在はレバノンが領有権を主張しているが、国連はシリア領と見なしている。ブルーヘルメット(PKOの平和維持部隊)は1978年以来、国境の北側のレバノン領土で、また1974年以来、ゴラン高原の東側の非武装地帯でパトロールを行っている。

戦略的な国境地帯……

 軍事上の要衝となる高原：
標高1000m以上、ダマスカスから60km

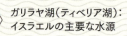 ガリラヤ湖(ティベリア湖)：
イスラエルの主要な水源

 ヨルダン川とガリラヤ湖の主な支流

……20世紀以降、さまざまな国に占領されてきた……

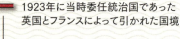 1923年に当時委任統治国であった
英国とフランスによって引かれた国境

 1948年から1949年にかけて
シリアとイスラエルの間で行われた
戦争後の1949年の非武装地帯

 1967年の第三次中東戦争後に
イスラエルが征服したゴラン高原

 1978年から2000年5月まで
イスラエルが占領した安全保障地帯(南レバノン)

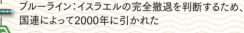 ブルーライン：イスラエルの完全撤退を判断するため、国連によって2000年に引かれた

 ヒズボラの活動拠点

……そして現在はイスラエルに併合されている

 1973年以来
国連の管理下にある非武装地帯

国際連合レバノン暫定駐留軍(UNIFIL)の存在

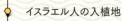 1981年、イスラエルがゴラン高原を事実上併合。
2019年3月、米国が承認

イスラエル人の入植地

 シェバー・ファームズ
レバノンによれば：レバノンの領土
国連によれば：シリアの領土
イスラエルによれば：ゴラン高原の一部

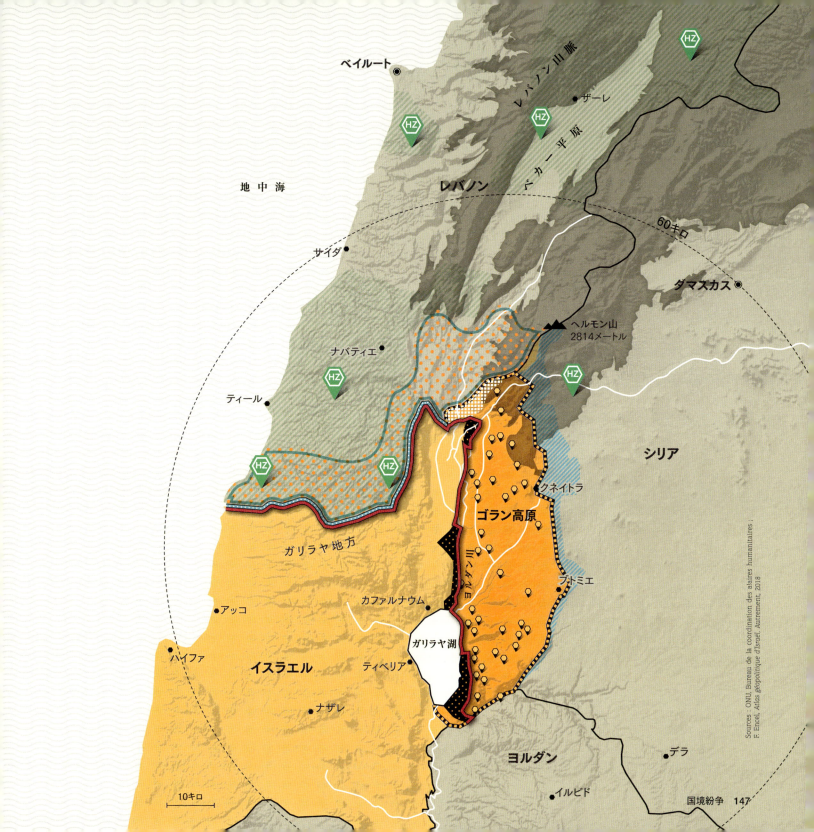
国境紛争 147

56 旧ユーゴスラビアの国境
分裂の傷跡

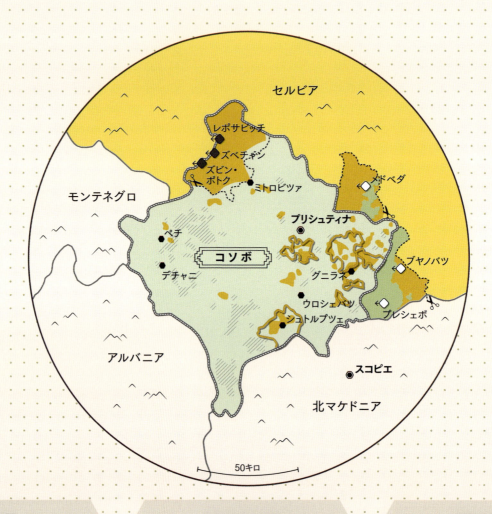

未承認国

- コソボの国境：
コソボは2008年に独立を宣言した。国連加盟国193カ国のうち、セルビア、ロシア、欧州連合5カ国(ギリシャ、スペイン、キプロス、ルーマニア、スロバキア)を含む89カ国が独立を承認していない。

内陸地域と民族

- アルバニア人：コソボの多数派
- セルビア人：セルビアの多数派
- その他の少数民族（ロマ人、ボスニア人など）
- コソボの内陸に位置するセルビアの6つの飛び地

交換可能な地域

- コソボとセルビアの大統領が計画した領土交換（2018年）
- セルビアからコソボへ
- コソボからセルビアへ

148 国境アトラス

⬡ 1991年以前
旧ユーゴスラビアの主な民族

- ⬡ スロベニア人
- ⬡ ハンガリー人
- ⬡ クロアチア人
- ⬡ イスラム教徒
- ⬡ セルビア人
- ⬡ モンテネグロ人
- ⬡ アルバニア人
- ⬡ ブルガリア人
- ⬡ マケドニア人
- ---- 現在の国境

200キロ

⬡ 解体後

1991年
クロアチア、北マケドニア、スロベニアが独立

1992年
ボスニア・ヘルツェゴビナが独立

2006年
モンテネグロが独立

2008年
コソボが独立を宣言

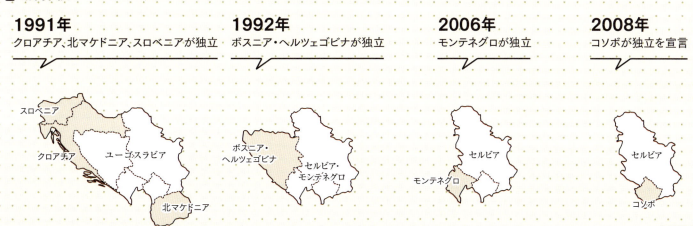

国境紛争　149

ベネズエラとガイアナ間の領土紛争を再燃させる エセキボの炭化水素資源の可能性

エセキボはガイアナに位置する、面積15万9500km²、人口12万5000人の地。ベネズエラが領有権を主張している。

熱帯林に加えて、鉱物（金、ダイヤモンド、銅、ウラン、ボーキサイト、鉄）が豊富に存在する地域。

2000年代、ガイアナは沿岸沖の石油採掘権を海外の多国籍企業（北米、英国、中国、フランスなど）に付与した。

2015年、米国のエクソンモービルがスタブローク鉱区で初めて石油を発見した。この発見は外国企業や隣国ベネズエラ（海洋権益主張）の関心を集めた。

2023年8月、ガイアナはベネズエラが領有権を主張した複数の油田開発の入札募集を開始した。

12月3日、ベネズエラは諮問的国民投票を実施、国民の95％がエセキボの統合に賛成した。米国と英国はガイアナ支援の演習に軍隊を派遣し、ベネズエラはガイアナとの国境沿いに兵士を派遣すると発表。

植民地時代から続く国境紛争

ガイアナの見解

エセキボ地域は1840年頃、英国の植民地だった（1966年まで）とき、ガイアナに併合された。ベネズエラとの領土紛争は、米国の支援を受けて、1899年にパリ仲裁裁判所にて英国勝訴の判決が下る。2020年、ガイアナは紛争解決のため国際司法裁判所に提訴した。しかしベネズエラの反対により、最終決定は2025年に延期された。

ベネズエラの見解

1777年にスペインが定めて以来、ベネズエラはエセキボ川を「自然の国境」と見なしてきた。この地域は、ベネズエラが1811年に独立したときからベネズエラの領土の一部だったが、1840年頃、英国に占領された。ベネズエラはパリ仲裁裁判所の判決を拒否した。1966年、英国と英国領ギアナはベネズエラの主張を認め、領土紛争を平和裏に解決することを約束した。

国境紛争　151

VI
帝国の進撃

現代の新帝国主義国家と目されるトルコ、ロシア、中国などは、既存の国境に満足せず、陸でも海でも国境を押し広げようとしている。もはや近隣地域への継続的な進出をためらわず、違法な併合を進めている。

帝国の進撃

冷戦期の中ソ対立後、敵対関係にあった中国とソ連は、1969年に珍宝島で国境紛争が勃発すると、開戦寸前まで追い込まれた。両国間の非常に長い国境では、何度となく問題が起こっていたが、両国は2004年に国境紛争を解決した。

近年、中ロ両国による、国際的に認められた国境を越えた政治、経済、軍事活動が著しく増大している。これは、自国の影響力を近隣地域に拡大しようとするものであり、おそらく、彼らの本質が、国家ではなく帝国であることと無関係ではないだろう。

ロシアはソ連から独立した際、クリミアと北カザフスタンを加えた「自然な」国境を再定義しようとしたが、旧ユーゴスラビアの悲惨な運命を目の当たりにしたボリス・エリツィンが思いとどまった。1991年以来、ロシアは旧ソ連諸国の大半を自国に統合しようと努めてきた。独立国家共同体（CIS、1991年）の創設に続き、1992年からはCISを隠れ蓑にモルドバ（トランスニストリア）、タジキスタン、南オセチアへの介入を続けた。ロシア領土の国境での「秩序回復」作戦（チェチェン：1994年、1999年）も同じ論理に従っている。また1999年には、NATO主導の戦争中に旧ユーゴスラビア領土（プリシュティナ空港）に一時介入した。

2000年以来、ウラジーミル・プーチン大統領は自国の国境を押し広げようとしている。集団安全保障条約機構（2002年、6カ国）は、公式にはCIS加盟国の軍事面での協力を取り決めたものだが、実際にはロシアを中心とした軍事同盟だ。ユーラシア経済共同体（2000年）は、ユーラシア経済連合（2015年、5カ国）へと発展解消した。モスクワによるものとされるエストニア政府のコンピューターサーバーへの攻撃（2007年）の後、グルジア（2008年。2015年よりジョージア）とウクライナ（2013年）への介入により、より攻撃的な軍事活動の時代が到来した。ウクライナ危機は、冷戦時代に定義されたヨーロッパ国境の現状の崩壊を告げるものであり、非民主的な条件でのクリミアのロシア併合を伴っていたため、さらに深刻な状況となった。2022年の侵攻前でさえ、ロシアの南東縁辺部には、凍結された紛争に固執する準国家が点在していた。ルガンスクとドネツクの「人民共和国」（新ロシア）、クリミア、沿ドニエストル、アブハジア、南オセチア、ナゴルノ・カラバフなどだ。しかしウクライナの現状が、ロシア語圏の人々を大きな「ロシア世界」に再編するというプロジェクトを妨げていた。ウクライナが西側寄りになっていくことは、ロシアにとって耐え難いものだった。そしてプーチン大統領は2022年後半、ウクライナの4州に対する一方的な併合宣言をするという取り返しのつかない過ちを犯してしまったのだ。

ロシアは、ノルウェー（2010年）やエストニア（2014年）との国境画定で合意したように、現実主義的な面を見せることもある。しかし、北極点の海底に自国の国旗を立てて、排他的経済水域の最大限の拡大を画策してもいる。また、バルト海、北海、日本海での哨戒も強化し、近隣諸国の主権領域を侵害することも辞さない。同時に、1945年以来ロシアが占領している日本の北方領土については、日本との協議を拒否し続けている。

最後にロシアは、自国から遠く離れたシリアの政権を支援することで、再びその存在感を示した。

中国は1980年代から、政治的および商業的理由により国境の安定化に努めてきた。そして、長い間引きずってきた近隣諸国との23件にも及ぶ陸上国境紛争の大半を解決し

た。カザフスタン（1999年）やキルギス（2004年）、タジキスタン（2011年）の場合には、係争地の購入という手段を用いることもあった。しかし、中国が一方的に自国領と見なし、公式地図に記載までしている領土をめぐる紛争は、依然として続いている。インドに対しては、1959年以来14万平方キロ（東部のアルナーチャル・プラデーシュ州）の領有権を主張しており、インドは西部のアクサイチン返還を要求している。1962年の紛争以来、インドとの間に公式の国境線は存在せず、「実効支配線」しかない。しかも中国は、2020年夏に行ったように、それをも少しずつ侵食しようとしている。さらに、2019年に再燃した、ドクラムをめぐるブータンとの領有権争いも抱えている。東南アジアにおいては、2009年以来南シナ海全体の領有権を主張し、九段線という破線を地図上に引いている（その形から、ベトナム語で「牛舌」と称されるこの線は、実際には2014年以降、台湾まで加えて十段線になっている）。また、領土拡大のためにサンゴ礁の埋め立て政策も展開。ベトナムやフィリピンとの紛争は特に激化している。中国にとって戦略上極めて重要なスカボロー礁については、常設仲裁裁判所が2016年、フィリピン側の主張を認める裁定を下している。日本との間では、尖閣諸島（中国語では釣魚島）の領有権主張が注目を集めている。2000年代末以降、日本領海への侵入件数が急増している。また中国は、台湾を自国の不可分な領土の一部と見なしており、一方的に管制区域を拡大している。

経済面では、中国は2013年以来、西側諸国への戦略的な物資供給と輸出を促進するための軸となる「新シルクロード」（一帯一路）の開発を目指してきた。この新帝国主義的なアプローチは、かつて隆盛を誇ったベネチア共和国の発展を彷彿とさせる。

中国は、「真珠の首飾り」とも呼ばれる戦略を進めており、他国も含めた広大な地域で港湾施設を開発することを目指している。さらに、自国の領海を越えて軍事的な展開を拡大しており、現在では、海賊対策と称して遠く離れたアラビア半島に面したアデン湾にまで進出している。

58 トルコとその周辺
野心に満ちた国

2010年代初頭以来、レジェップ・タイップ・エルドアン大統領率いるトルコの国境外での活動には一段と拍車がかかっている。歴史を盾に、旧オスマン帝国の領土（トルコ大統領によると「我々の心の国境」）とトルコ語圏におけるその影響力を拡大させているのだ。さらに、20世紀前半に画定された国境に異を唱えてもいる。トルコ軍はシリアとリビアに介入し、アゼルバイジャンとともにアルメニアに対抗し、エーゲ海と東地中海でヨーロッパ近隣諸国を挑発している。また、紅海にも拠点を構えつつある。

トルコ、地中海で勢力を拡大……

陸上
- トルコ軍または親トルコ民兵組織の活動地点
- → トルコが関与している軍事または外交紛争
- クルド人居住地

海上
- ……トルコが主張する、地中海における等距離の原則に基づく理論上の国境
- 現在のトルコ領海
- 2019年にトルコとリビアが合意した海洋協力ゾーン

……トルコが主張する自国領……

- オスマン帝国最盛期の領土（1683〜1699年）
- トルコが領有権を主張する海域

……地政学的バランスを崩すリスク

かつての西側同盟国と対立
- 米軍またはNATO基地（トルコも1952年からNATOに加盟）
- 欧州連合（トルコは1987年より加盟申請中）

保守的なスンニ派勢力に接近
- ムスリム同胞団に近いイスラム主義政府
- トルコが支援するリビア政府の首都

ロシアに対する日和見主義
- トルコストリーム：ロシアからトルコに至る天然ガスパイプライン
- 2019年、米国のパトリオットに匹敵するロシアのS-400対空ミサイルシステムを購入
- トルコが軍事介入した国
- NATO加盟国中、唯一ロシアに対する制裁を課していないトルコは、ロシアのウクライナ侵攻後6カ月でロシアとの貿易が42％増加した

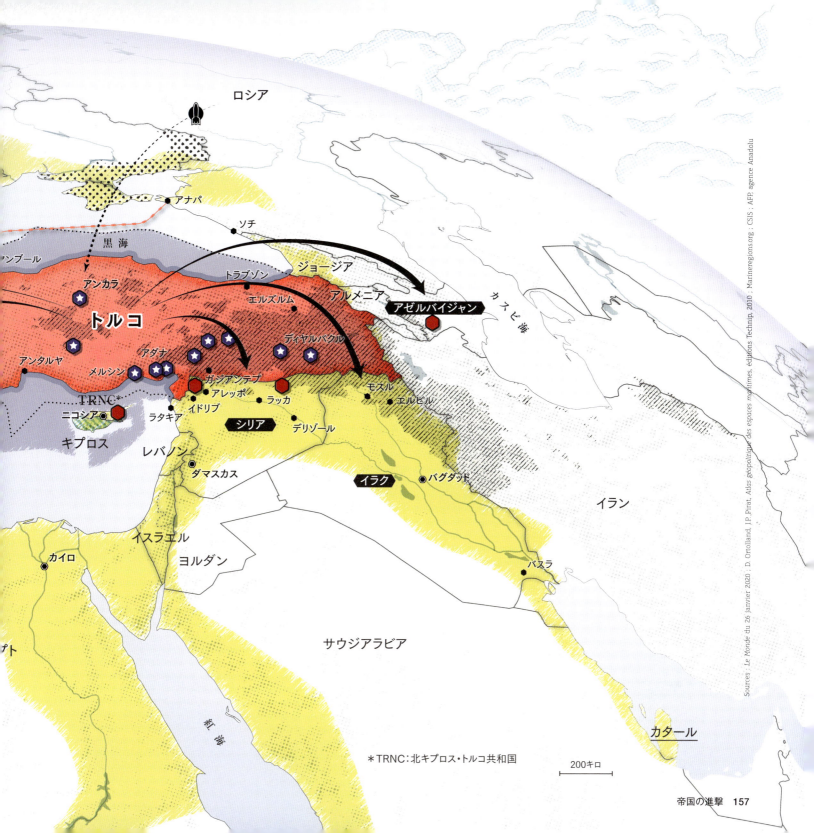

帝国の進撃 157

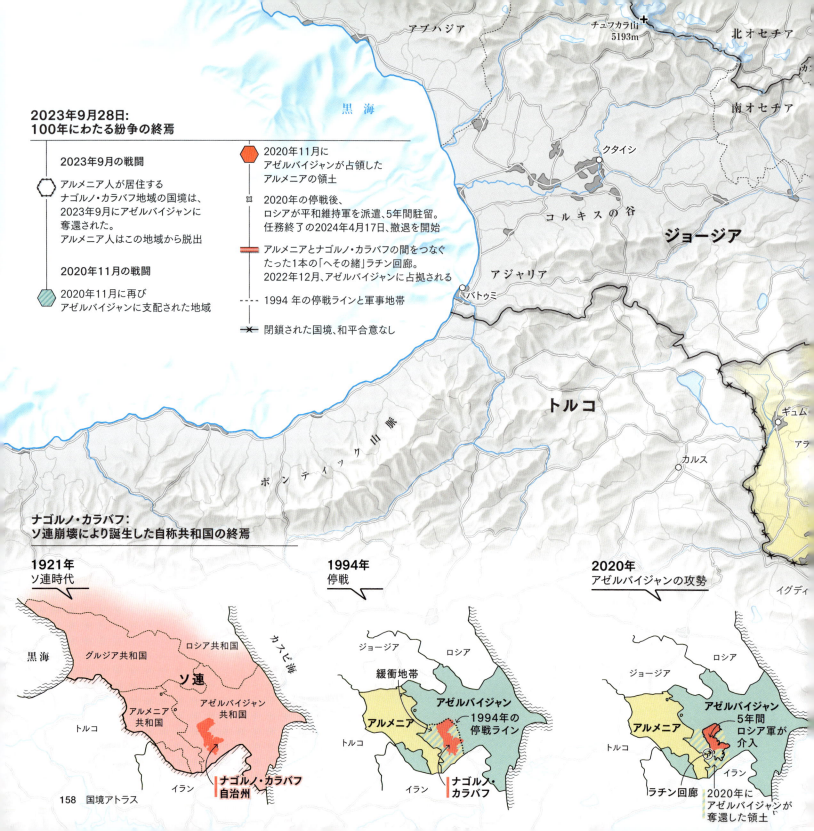

60 帝国の誕生
ノブゴロドからソ連まで

ノブゴロド（9〜13世紀）
12世紀、ルス族の進出

860年頃、スウェーデン・バイキングのルス族首長リューリクが、スラブ人を征服してノブゴロド公国を建国、882年にキエフを首都とした。988年、ウラジーミル公はキリスト教に改宗し、バルト海から黒海までその権勢を振るった。13世紀、公国はモンゴル軍の侵攻により崩壊し、キエフは破壊された。1242年、アレクサンドル・ネフスキーはスウェーデンとドイツ騎士団のロシア領への侵攻を阻止した。彼は1252年から1263年までノブゴロド公だった。

Sources : Mercator Institute for China Studies ; CSIS, Asia Maritime Transparency Initiative

160　国境アトラス

モスクワ大公国から皇帝の時代まで（14〜17世紀）

- 1300年頃のモスクワ大公国
- イワン雷帝（イワン1世）の治世が始まった1533年のモスクワ大公国

イワン1世（在位1325〜1340年）は、ウズベク・ハンによってモスクワ、ウラジーミル、そして全ロシアの大公と認められ、モスクワに府主教を迎え入れることで正教会との協力関係を強めていった。1380年にロシアがモンゴルに対して初めて勝利した後、国を解放し領土を拡大したのはイワン3世（在位1462〜1505年）だ。1547年、彼の後継者で「雷帝」として知られるイワン4世が皇帝に即位し、カザンとアストラハンを征服、タタール人を追放する。しかし、雷帝の死後、後継者をめぐる混乱が続く「動乱時代」（1598〜1613年）となり、スウェーデンとポーランドの侵攻につながった。

ロマノフ朝（1613〜1917年）

- 1618年のロシア帝国
- 1725年までに拡大された勢力
- 1815年までに拡大された勢力
- 19世紀末までに拡大された勢力

1613年、ミハイル・ロマノフ皇帝が新王朝を立ち上げた。その後継者たちはロシアの拡大を成し遂げる。ピョートル大帝（1682〜1725年）はスウェーデンに勝利した後、バルト海域世界の覇権を奪取した。1712年、サンクトペテルブルクが首都となる。エカチェリーナ2世（1762〜1796年）は領土を黒海とコーカサスにまで拡大したが、ポーランド分割（1772年、1793年、1795年）とフィンランド併合（1809年）の後は西にも拡大した。19世紀にはコーカサスと中央アジアにまで進出。1867年にはトルキスタンに総督府を設置。1860年、軍前哨基地としてウラジオストクを設立、これにより極東征服と日本海へのアクセスを成し遂げる。最後の皇帝ニコライ2世の治世下（1894〜1917年）で、帝国は最盛期を迎えた。

ソ連（1917〜1991年）

- 1991年当時のソビエト社会主義共和国連邦（USSR）の境界線

ソ連は1922年に、フィンランド、バルト三国、ベラルーシの一部、ウクライナ、ベッサラビアから西に隔てられた領土で建国を宣言した。大祖国戦争（独ソ戦）後、西はバルト三国、ポーランド、東プロイセン（後のカリーニングラード）、チェコスロバキア（ルテニア）、ルーマニア（モルドバ）まで領土を拡大し、緩衝地帯を形成した。東は千島列島とサハリン南部を併合した。

帝国の進撃　161

61 キエフ大公国から1991年まで
ウクライナ領土の変遷

ウクライナは、キエフ大公国（キエフ・ルーシ）に端を発する長い歴史を共有する隣国ロシアの厄介な存在とともに歩んできた。今日、ロシアの侵略を正当化したり非難したりするために、両国の歴史に対する相容れない認識がたびたび持ち出されている。

バルト海

ワルシャワ

ポーランド

リビ

カルパチア・ルテニア
1945

1922年にソビエト社会主義共和国連邦（USSR）が設立されたときのウクライナ・ソビエト社会主義共和国（SSR）の境界線

獲得した領土……

1939年、独ソ不可侵条約に従ってポーランドが分割、併合される

1945年、ソビエト・チェコスロバキア条約後にチェコスロバキアが割譲される

1948年、1947年のパリ条約に従ってルーマニアが割譲される

1954年、ソ連共産党中央委員会第一書記フルシチョフがウクライナに譲渡した地域

割譲された領土……

1924年、ロシア・ソビエト連邦社会主義共和国に

1940年、モルダビア・ソビエト連邦社会主義共和国に

1991年に独立宣言した際のウクライナ・ソビエト社会主義共和国の国境

独立したウクライナが支配を失った地域……

2014年3月の国民投票によりロシアに併合されたが、国際社会には承認されていない

ドネツクとルガンスクの一部が一方的に独立を宣言し、その後2022年2月、ロシアに併合される

62 鉄のカーテンの崩壊
ソビエト世界の領土の分離

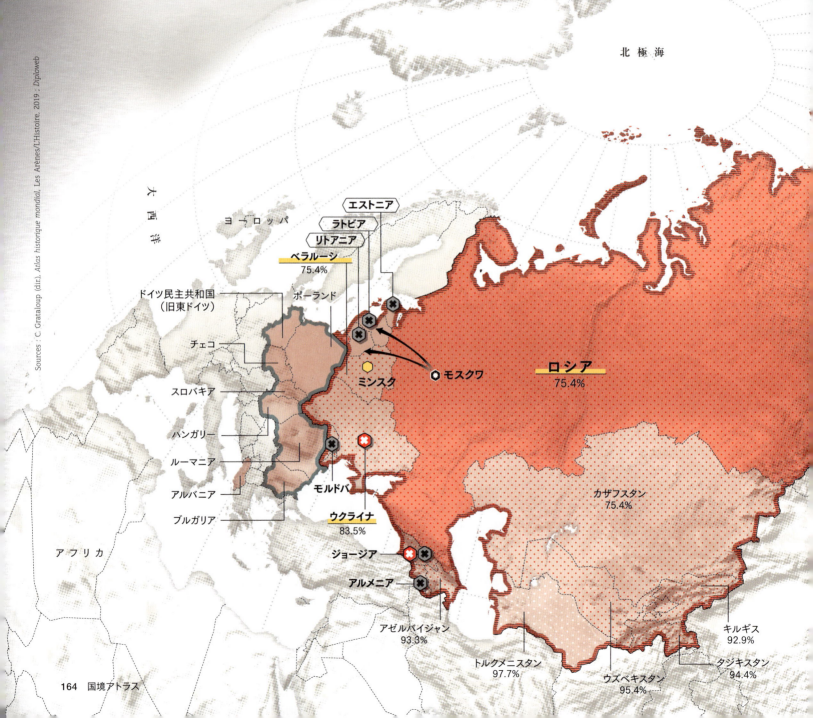

組織と基地

- ★ ロシア国外のロシア軍事基地
- ⬢ 独立国家共同体(CIS)加盟国：
  ソ連解体を目論み
  1991年に結成された国家連合
- ⬢ 集団安全保障条約機構(CSTO)加盟国：
  2003年に創設された軍事同盟
- ☆ ユーラシア経済連合加盟国：
  2015年1月発足の経済協力同盟
- ······ ロシアの排他的経済水域(EEZ)

行動および要求

- 📍 西側国境での軍事演習
- → ロシアの拡張主義の野心
- ① 2015年9月以来、シリア政権への軍事介入
- ② 2014年、クリミア併合
- ③ 2014年からドンバス分離主義者を支援
- ④ リビアのハフタル元帥率いる国民軍を支援するため、ロシア民兵組織を派遣
- ⑤ 2020年11月から2024年4月まで、ナゴルノ・カラバフに停戦監視役として介入
- ⬢ 北極圏におけるロシアの主張
- ★ 凍結された紛争（アブハジア、南オセチア）
- ⬢ 近隣諸国のロシア系少数民族
- ⬢ 2022年2月24日からロシアがウクライナに侵攻

地名：ベーリング海峡、ヤクーツク、オホーツク海、千島列島、イルクーツク、ウラジオストク、日本海、日本、北朝鮮、韓国、モンゴル、中国

Sources : Pascal Marchand, Atlas géopolitique de la Russie, Autrement, 2015 ; Jean Sellier, Atlas des peuples, La Decouverte, 2014

帝国の進撃

帝国の進撃 169

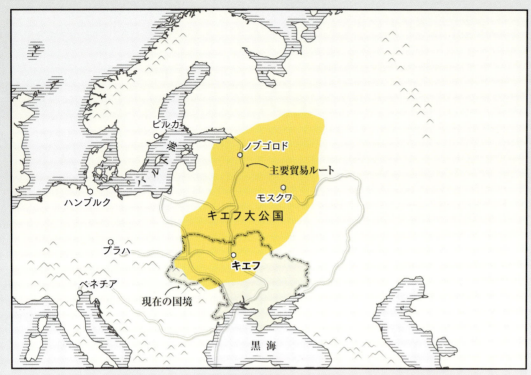

882〜1240年

キエフ大公国（キエフ・ルーシ）：
キリスト教を受け入れた
東スラブ人の最初の国家

8世紀以降、スカンジナビアのバイキング（バリャーグ人）が東方へと勢力を拡大し、黒海とバルト海を結ぶ河川貿易ルートが開拓された。キエフは商業の交差点、権力の中心地となり、スラブ諸民族を統合、大公国をつくりあげる。988年にウラジーミル公がキリスト教（ビザンチン典礼）に改宗した後、大公国はノブゴロドとモスクワにまで勢力を拡大したが、モンゴルの侵攻により分裂、消滅した。

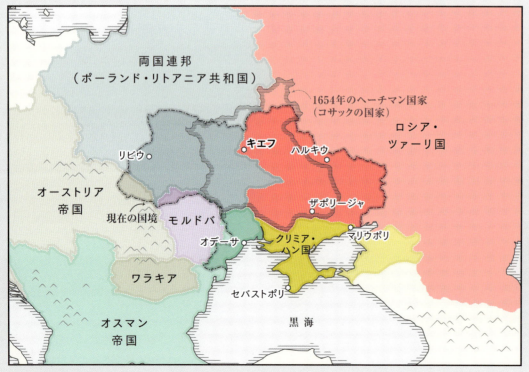

17世紀

ウクライナは
ロシアとポーランドに分割される

農奴制から逃れてきた農民を集めた半遊牧民の出身であるコサックは、さまざまな王国の国境地帯に広がる荒野（「僻地」を意味するロシア語の「オクライナ」に由来するウクライナの歴史的地名）に住み着いていた。1654年、コサックはロシア皇帝と同盟を結んだ。しかし1667年、ロシアは二国間共和国（ポーランドとリトアニア）とこの地域を共有する協定を結ぶ。その後、領土は分割され、ドニエプル川の西側はポーランド領、東側はロシア領となり、ロシアはこの地域をマロロシア（小ロシア）と呼び支配した。南側の黒海沿岸は依然としてオスマン帝国とタタール人の支配下にあった。

18世紀

ロシアの拡大

エカチェリーナ2世は、ロシア帝国をステップ地帯と黒海沿岸にまで拡大した。1772年から1795年にかけて、ロシアの保護領となったポーランドの分割により、エカチェリーナ2世はドニエプル川の西側にあるかつてのキエフ大公国の領土を再征服し、オーストリア＝ハンガリー帝国はリビウ地方を獲得した。南部では、1774年と1783年にオスマン帝国を破った。その後も、ドニエストル川の河口からドン川の河口まで広がるノボロシア（新ロシア）を支配し、クリミア半島を通過して黒海へのアクセスを可能にした。

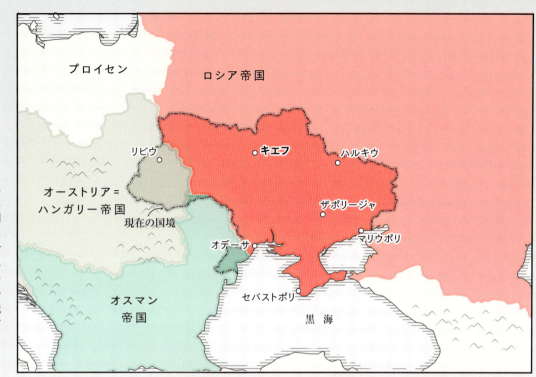

1917～1921年

革命期

1917年、2月革命によりロシア帝国は崩壊した。キエフでウクライナ中央議会（ラーダ）が設立され、ウクライナ人民共和国の独立が宣言される。1年後、ウクライナ人民共和国は単独講和条約となるブレスト＝リトフスク条約を中央同盟国と結んだ。この時、中央同盟国は新たなロシア・ソビエトとも同条約を締結している。1918年にハリコフで成立を宣言されたウクライナ・ソビエト共和国は、キエフで権力を争い、その後の内戦に勝利し、1922年に他の3つの共和国とともにソ連を結成した。

地図は、フランス国立東洋言語文化学院（イナルコ）のヨーロッパ・ユーラシア研究センターの研究員であり、フランス・ロシア研究センターの副所長でもあるトーマス・ショパール氏と共同で作成した。

帝国の進撃　171

65 新たな鉄のカーテン？
フィンランドからウクライナまで

　ベラルーシが中東からの移民をEUに押し寄せるように仕向けたこと、そして何よりもロシアがウクライナに侵攻したことは、ヨーロッパの国境の様相を一変させた。フィンランドとスウェーデンがNATOに加盟し、バルト海は「西側の湖」となった。ノルウェー、フィンランド、ポーランド、バルト三国は新たな障壁を建設して国境を強化。65キロに及ぶ「スバウキ・ギャップ（または回廊）」は、大陸の軍事情勢の火種となっている。リトアニアとベラルーシの国境には、ディエベニシュケスという変わった形に突出した場所がある。「スターリンのパイプ」とも呼ばれるこの場所は、地図の上に置かれたスターリンのパイプを避けて地図製作者が国境を引いたという逸話が残っている。カリーニングラードには、リトアニアを横断する回廊列車が運行している。南では、ロシア・ジョージア・トルコ間の陸路は依然として開かれており、トルコがNATOに加盟しているにもかかわらず、ロシアとトルコは友好的な関係にある。

スバウキ回廊
長さ65キロで、ポーランドとリトアニアを隔てている。紛争が拡大した場合、この回廊を封鎖すればバルト三国は他のNATO加盟国から孤立することになる。ロシア側も、NATOによってカリーニングラードから切り離されることを恐れている。

Sources : Reprise du journal Le Monde du 27 mars 2023, «Varsovie, accélérateur de l'aide occidentale à Kiev», du 16 mai 2022, «Kaliningrad, une épine dans le pied de l'OTAN», et du 29 novembre 2021, «Comment la Biélorussie a organisé l'acheminement des migrants»

172　国境アトラス

帝国の進撃 175

台湾、あるいは中華民国は独立宣言をしたことがなく、中国では中華人民共和国の一部と見なされているため、両国間の「国際国境」について語ることはできない。海峡では中間線が非公式の国境となっているが、群島内の最も遠い島々は大陸に非常に近い。中国は定期的に台湾の防空識別圏に入り、台湾の反応を試している。航空機の侵入は、回数（月に数百回）も時間も増える一方で、特に演習の際には航空機や船舶が中間線を越えて侵入してくるようになった。また現在は、台湾の空域でドローンを飛ばしてもいる。さらに、中国の沿岸部には台湾を射程内にとらえた数百基の弾道ミサイルがあり、その軍事的圧力は高まっている。台湾は米国の同盟国である日本とフィリピンに隣接しているが、中国と同様に尖閣諸島と南シナ海の大部分の領有権を主張している。

帝国の進撃　177

エピローグ
国境の明るい未来

　国境の未来は、何よりもまず国家の未来だ。国家が国際社会で最も重要な法的実体であり続ける限り、国境が一方では強化の必要性、他方では越境の欲求といった矛盾した圧力にさらされ続けるとしても、国境の明るい未来を予測することは難しくない。

　古代のローマ帝国が設置したリメス以来、国境は他者性（彼ら）を生み出すと同時に、同じ理由で自己性（私たち）も生み出してきた。国境を愛する作家レジス・ドゥブレは、「分割を否定する我々が拒んでいるのは共有ではないのか？」とまで言っている。挑発的な言葉ではあるが、いずれにせよ、国境のない国家は存在せず、ましてや国民国家など存在しない。今は超国家組織、多国籍企業、非国家主体がさまざまな役割を果たしているにもかかわらず、世界というシステムの主要な単位は依然として国家だ。ポスト植民地時代のアイデンティティーの構築、台頭（または再台頭）する権威主義勢力によるナショナリズムの手段化、ヨーロッパやその他の地域でのアイデンティティーに基づく離脱は、1980年代末に一部の人が期待したり恐れたりしたこととは反対に、国家、ひいては国境に明るい未来があることを示している。

　国境は、具体的にどのような役割を果たしているのだろう。国家が存在するのに必要な基準は、法で定められていること、人が定住していること、主権を行使できること、国際的に承認されていることだ。だが、こうした基準にも曖昧なところがあるため、「世界には国家がいくつあるか」という質問に正確な数字で答えるのは難しい。国連加盟国は193カ国だ（2024年現在）。常任オブザーバー（パレスチナ、バチカン市国、欧州連合や、領土を持たないマルタ騎士団などの主権実体団体）、承認されているが加盟はしていない国（クック諸島、ニウエ）を加えると、数はさらに増える。もっと対象を広げれば、状況はさらに複雑になる。

　問題の複雑さを示す好例がパレスチナだ。143カ国によって承認はされている（2024年5月現在）。しかし、ヨルダン川西岸地区中部に位置する都市ラマラの自治権は、ガザの事実上の分離独立とイスラエルの占領によって二重に制限されている。また、西側では境界線が引かれていない（自然の境界を利用した単なる停戦ラインと、部分的にパレスチナ領内にあるセキュリティーフェンスがあるだけだ）。パレスチナ領土の状況自体が世界でも特異なケースだ。というのは、1948年に、植民地支配していた英国から主権が委譲されなかったこと、1950年にヨルダンがヨルダン川西岸地区を併合したにもかかわらずその主権を放棄したこと、3つの地域に分割されていることなどによる。

　キプロスは欧州連合の加盟国だが、トルコに占領されている島の北部は、トルコのみが承認する「共和国」となっている。東欧にある沿ドニエストル共和国（トランスニストリア）を国家として承認しているのは、国連に加盟していない3つの国家のみだ。サハラ・アラブ民主共和国（SADR、西サハラ）は明確に定義された領土を持ち、45カ国に承認されているが、すぐに主権を獲得できるとは誰も考えていない。国連も、西サハラは「誰にも統治されていない」と見なしている。そして、ジブラルタルや15の島嶼地域と同様に、西サハラを「非自治」に分類している。台湾は明確な領土を有しているが、台湾を正式な中華民国政府として承認している国はごく少数であり、国連にも加盟していない。国境によって区切られた領土の存在は、国家の存在に必要な条件ではあるが、十分な条件ではない。ソマリランドもノボロシアも国家とは

国境のない国家は存在せず、ましてや国民国家など存在しない

見なされない。「イスラム国」は、統治する領土と住民に対して事実上の主権を有していたものの、明確な国境はない。伝統的な政治制度であるカリフ制への回帰を求めるイスラム過激派テロ組織が国家を自称しているに過ぎず、どの国からも承認されていない。自称ミクロネーションに関しては、その主権は疑わしく、どこからも承認されていない。しかし、分離によって新たな国境が確立される可能性はある。

海は「新たなフロンティア」であり、今後数年間は、国連による仲裁の適用による海域の境界画定が増加するだろう。また、多くの国が係争中の島々やその周辺での物理的なプレゼンスを主張する中で、この分野の訴訟も増加するだろう。

一方で、陸地の国境をゼロから設定するようなことはあまりない。第1章で指摘したように、今日、新たな国境が引かれることは極めてまれだ。武力による国境変更はもはやタブーであり、領土の一部併合（ゴラン高原、西サハラ、キプロス、クリミア、ウクライナの各州など）は、国際的に容易に認められるものではない。分離と独立は既存の内部（行政）境界線に基づいている。だが、国境のない最後の大陸、南極大陸がある日、周辺国によって分断されたとしたら……。

領土の統合による国境が消滅する可能性は依然として残っている。既存の国境の強化は今後も継続されるだろう。「障壁」や「壁」の建設に向かう傾向が弱まる兆しはない。

こうした傾向は、国境の未来だけでなく、いわゆる「国境の民営化」と称されてきたプロセスの未来にもつながる。国境は国家を象徴し、具現化するものだが、その実質的な管理はますますコストがかかることから、民間に委託されるケースが増えている。とりわけ壁産業は繁栄しており、2025年の売上高は1680億ドルと見積もられている。空港でも、以前は国家の責任であった業務（航空輸送の安全確保）が民間事業者に委託されるようになってきている。

国境撤廃の声はますます高まっている。1970年代の人道主義運動（国境なき医師団や国境なき薬剤師団など）、1980年代の環境リスクへの認識（チェルノブイリ原発事故やオゾン層破壊など）、1990年代の国際貿易の自由化（大前研一『ボーダレス・ワールド』を参照）、2000年代の気候変動への注目、2010年代の移民支援（1999年にヨーロッパで設立された組織「ノーボーダー（国境なし）」の活動を参照）などにより、一段と効果的な国境を越えた協力の必要性が浮き彫りになってきた。国境を越える海上橋プロジェクトも増加している（サウジアラビアとエジプト、バーレーンとカタール、インドとスリランカなど）。しかも、長距離ミサイル、組織犯罪、サイバー攻撃など、国境を飛び越えたり、無視したり、回避したりする現代の脅威は数えきれない。地理学者のアンヌ＝ロール・アミヤット＝サリは、「脅威は国境で止まらない。だから国境を閉鎖しても意味がない」と語る。

国境管理については、依然として政界内でも意見が分かれている。主権主義者や民族主義者は国境閉鎖を望んでいるが、リベラル派やオルターグローバリスト（新自由主義経済を否定）は国境開放を望んでいる。

将来、国境は消滅するのだろうか。それとも逆に強化されるのだろうか。この2つの傾向は矛盾するものではない。移動の自由は、国境が適切に受け入れられ、画定されていることを前提としている。

だが実際には、3つの異なる問題がある。(1)国境は、伝統、貿易、または人道上の理由から開くべきか。それとも、リスクや脅威への直面ゆえに閉鎖すべきか。(2)国境は、地域的または世界的なイデオロギーの下に廃止すべきか。それとも、主権の下に強化すべきか。(3)国境は、国家の統一または帝国主義的プロジェクトの下に乗り越えたり、変更したりすべきなのか。それとも、国際的な安定の下に、尊重し、維持すべきなのか。

今後長い間、国民国家と「主権主義」の「ウェストファリア」体制、つまり主権国家体制は、片や自由貿易やボーダーレス化、無抵抗主義の勢力との、片や救世主義（カリフ制）の勢力との衝突が続くだろう。経済的な観点からは、国境の閉鎖は短期的には有利かもしれないが（関税の徴収）、長期的には不利になる（国境開放が成長に与えるプラスの影響を受けられない）。欧州連合とは異なり、アフリカ連合は現在、内部国境の撤廃を検討している。西アフリカ諸国経済共同体（ECOWAS）の加盟国にはすでに共通のパスポートがある。シリコンバレーのパトロンでもあるシーステッダー、つまり海上都市構想支持者たちは、いかなる国家主権にも属さない公海上に自治都市を建設することを検討している。しかし、新型コロナウイルス感染症によって、今後長きにわたり、国境強化の流れが強まっていくことは間違いないだろう。

ヨーロッパの場合、シェンゲン圏内での自由な移動の原則を維持するには、圏外との境界を強化して監視する必要があるだろう（シェンゲン協定が廃止された場合、EU諸国は10年間で4700億ユーロの損失を被るという試算もある）。国境は、個々の国が連合から独立したり離脱したりするのに応じて変化する可能性がある。同様に、国際貿易の自由化を継続するには、密輸（人、武器、麻薬、動植物、芸術作品など）、資本逃避、脱税をしっかりと阻止するために国境管理を強化しなければならないだろう。

> 今後長い間、
> 国民国家と「主権主義」の
> 「ウェストファリア」体制、
> つまり主権国家体制は、
> 片や自由貿易の勢力との
> 衝突が続くだろう

　中東ではここ数年、国家の衰退、抜け道だらけの国境、非国家主体の強大化が指摘されていて、その結果として地域が分断するのではないかとの声があちこちから上がっている。リビアやイエメンは対立による内戦などで国家が事実上分裂する様相を呈しており、ソマリアとよく似ている。

　その一方、オスマン帝国の崩壊から植民地解放の完了までの長い期間に引かれた外部国境の回復の力も注目に値する。また、地球上で最も曖昧な国境のいくつかが最近統合されたり（サウジアラビア）、より管理が徹底されたり（レバノン）していることもしかりだ。「アラブの春」がしばしば（エジプト）国家への帰属意識を強固にしてきたことも指摘できる。要するに、その崩壊を断言するのは無謀、ということだ。

　ジャン=ピエール・フィリウは2015年にこう述べている。「これらの国境は時を経て正当性を獲得した。他の国境と同様に人為的なものだ。人々が自決の意志を行使しようとする空間を限定するものだ。そして、もし今日、国境が正当でないとすれば、それはもはや植民地化のせいではなく、これらの人々の権利がそこで妨げられているからだ」

　最後に、気候変動によって既存の国境が変化する可能性もある。気候の温暖化により氷河が解け、氷河の稜線や万年雪が国境の目印とならなくなるのだ。そのため、イタリアとスイスはアルプス山脈の国境線の一部を変更した。南パタゴニア氷原をめぐるチリとアルゼンチンの国境紛争が再燃する可能性もある。逆に、解消されるかもしれない紛争もある。1970年に出現して以来インドとバングラデシュの間で争われてきたニュームーア島は、2010年に水没した。水路の変更は国境の修正につながる（2015年のベルギーとオランダのケースのように）。海面上昇によって一部のサンゴ礁が消滅する可能性があり、領土の境界や近隣諸国間の紛争に影響を及ぼすことは避けられない。そして長期的には、モルディブなどのように国全体の運命が水没の危機に瀕する可能性がある国もある。

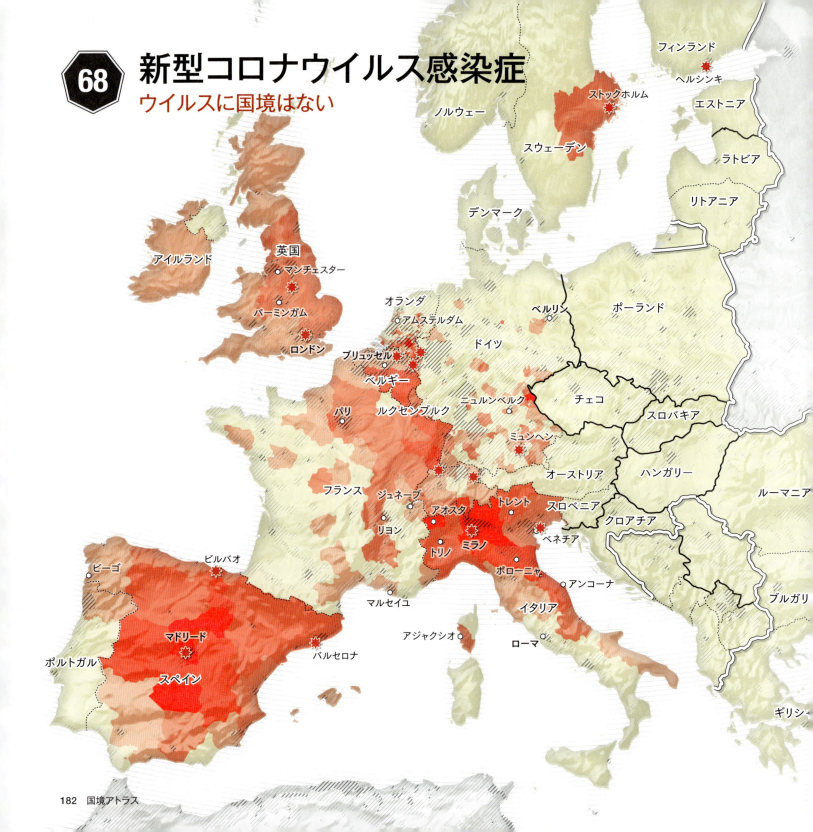

EUの主要な経済軸に影響を及ぼしているウイルスの拡散を封じ込めるため……

人口10万人当たりのコロナウイルス感染症による死亡率（2020年4月9日現在）

* 主な感染地域

人口密度

低　　　　　　　　　高

……欧州諸国が移動を制限

= 2020年3月17日にEUは、EU全加盟国、EU非加盟のシェンゲン協定国4カ国（スイス、アイスランド、リヒテンシュタイン、ノルウェー）、および2020年12月31日までEUを離脱しない英国に対して、不要不急の渡航に対する一時的な制限を課した。

— 国境閉鎖
⋯ 厳格な検疫

ドイツが何とか流行を抑え込んでいる一方で、英国とスペインでは死者数が増加している

2020年4月9日時点での新型コロナウイルス感染症（COVID-19）関連の死亡者数

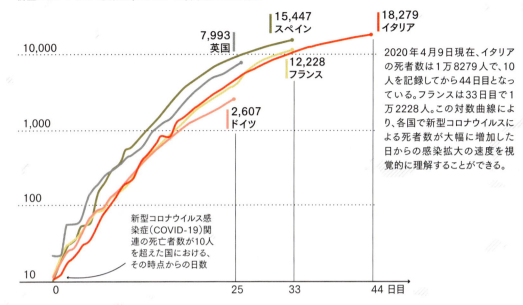

2020年4月9日現在、イタリアの死者数は1万8279人で、10人を記録してから44日目となっている。フランスは33日目で1万2228人。この対数曲線により、各国で新型コロナウイルスによる死者数が大幅に増加した日からの感染拡大の速度を視覚的に理解することができる。

Source : Reprise du journal *Le Monde* du 14 avril 2020, « Covid-19 : les Etats européens en ordre dispersé »

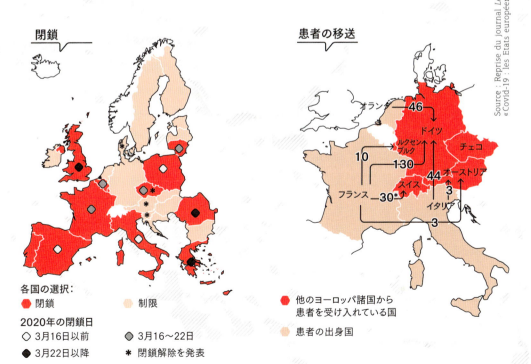

スクリーニング率

人口1000人当たりの検査数（2020年4月末現在）
- 15以上
- 10〜15
- 5〜10
- 5未満
- データなし

閉鎖

各国の選択：
- 閉鎖
- 制限

2020年の閉鎖日
- ○ 3月16日以前
- ◆ 3月16〜22日
- ● 3月22日以降
- ＊ 閉鎖解除を発表

患者の移送

- 他のヨーロッパ諸国から患者を受け入れている国
- 患者の出身国

エピローグ　183

69 閉鎖された惑星
閉じこもる国

184　国境アトラス

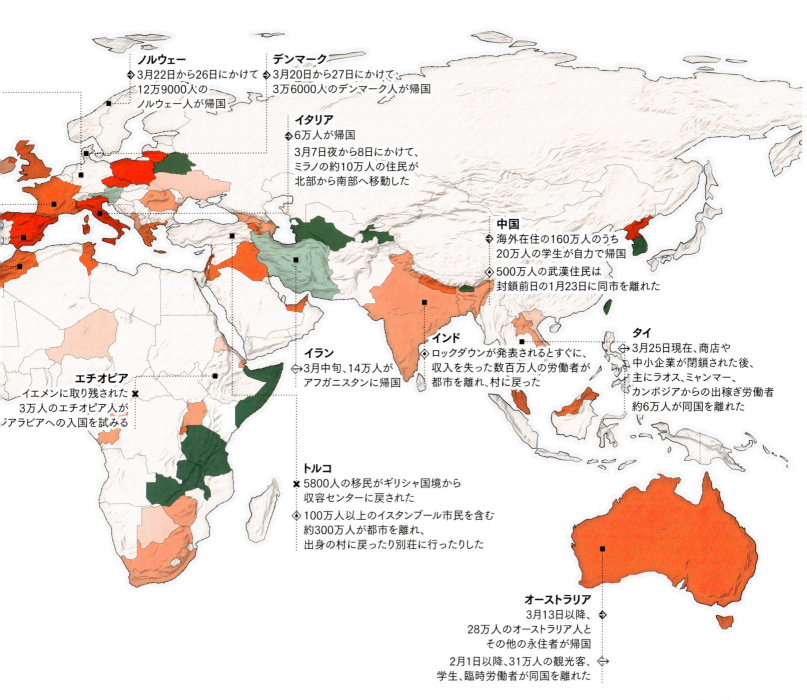

エピローグ　185

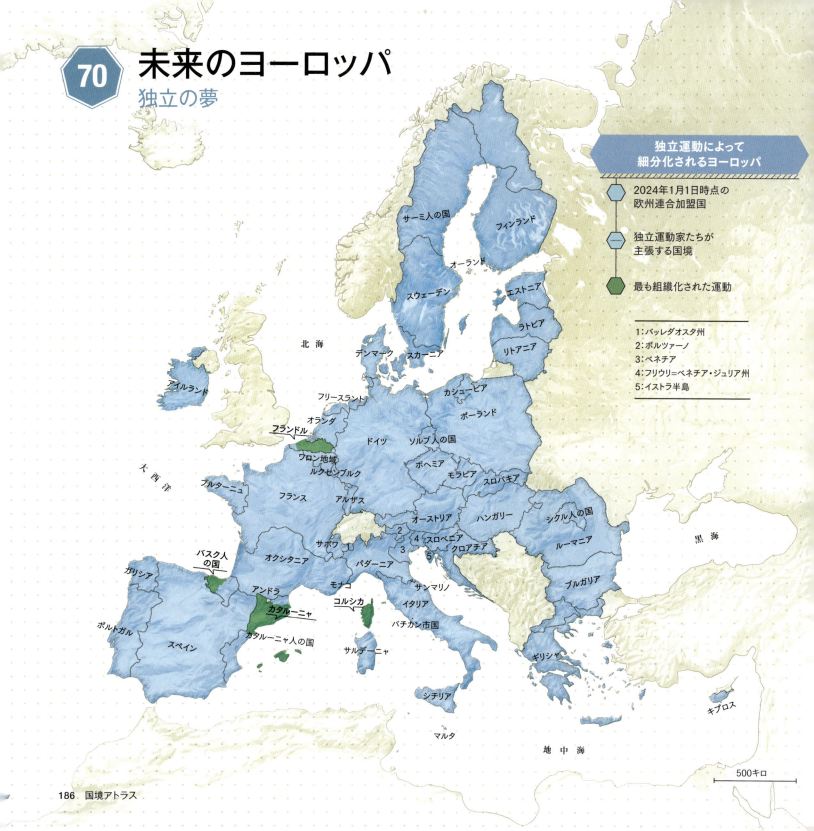

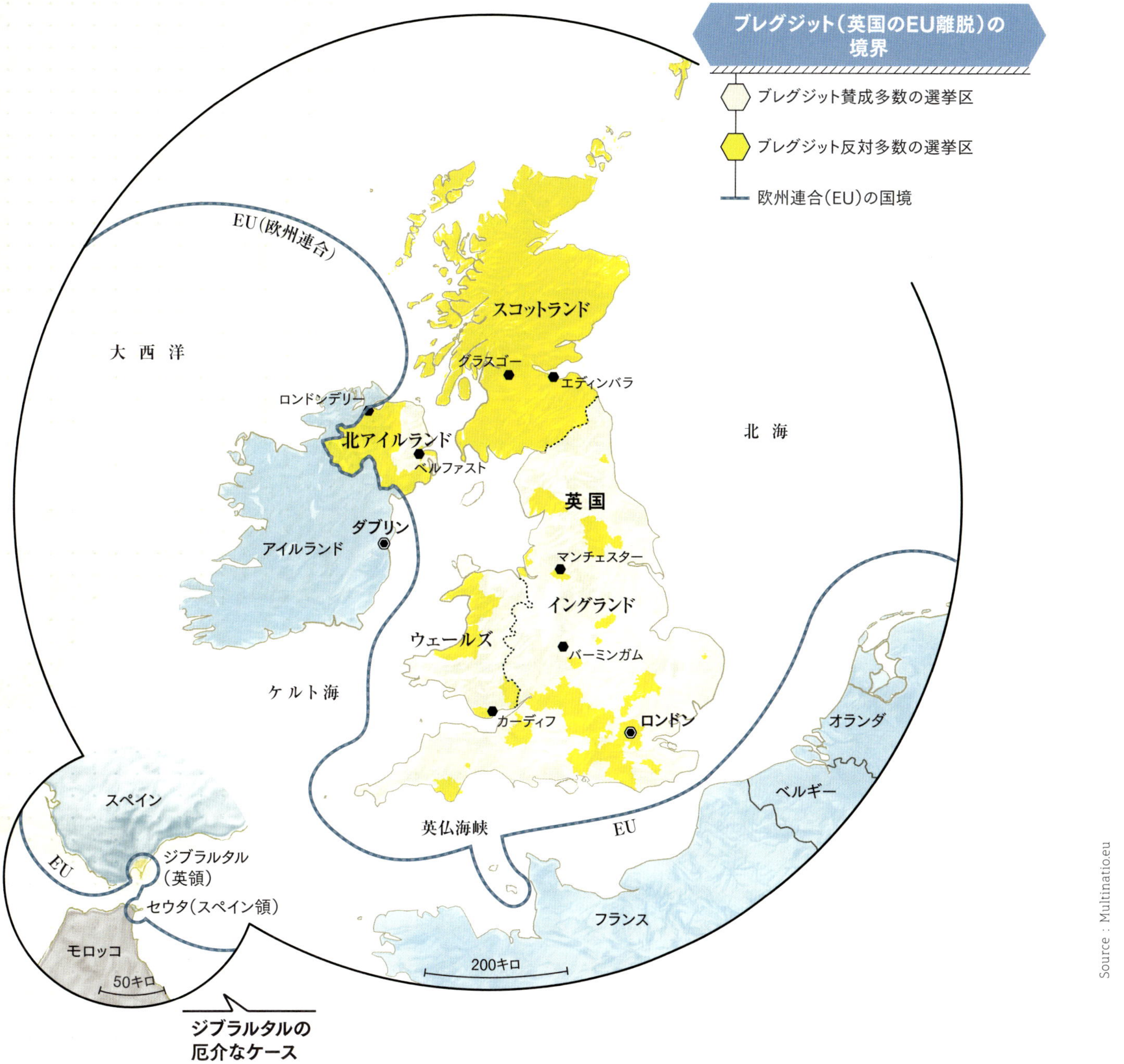

ブレグジット（英国のEU離脱）の境界
ブレグジット賛成多数の選挙区
ブレグジット反対多数の選挙区
欧州連合（EU）の国境

EU（欧州連合）

大西洋

スコットランド
グラスゴー
エディンバラ

ロンドンデリー

北アイルランド
ベルファスト

北海

ダブリン

アイルランド

英国

マンチェスター

ケルト海

イングランド
ウェールズ
バーミンガム

カーディフ
ロンドン

オランダ

ベルギー

スペイン

ジブラルタル（英領）
セウタ（スペイン領）

英仏海峡
EU
フランス

モロッコ

50キロ

200キロ

ジブラルタルの厄介なケース

Source : Multinatio.eu

エピローグ 187

71 アルプス
融解する氷河が引き起こす国境問題

イタリアとオーストリアは、1713年（ユトレヒト条約）にはすでに、アルプスの国境の原則として分水嶺を採用していた。現代の国境は1919年（サンジェルマン条約）に引かれ、1923年に画定された。しかし1990年代、グラフェナ氷河が移動していることが明らかになったため、1994年に「国境移動」の原則を採用し、国境を変更、最大数百メートルの移動となった。この原則は、2005年にはイタリアとオーストリアの国境に、2009年にはイタリアとスイスの国境に適用されている。

2050年までに予想される気温上昇
+1.2℃　+2.0℃

Source : Convention alpine ; Banque mondiale Alpine convention for projected changes in annual near surface temperature in Southern Europe 2021-2050 ; Agence européenne de l'environnement ; Copernixus ; ESRI ; NOAA : Reprise du journal Le Monde du 15 septembre 2023, «Eboulement dans la Maurienne : les axes translapins sous pression»

用語解説

ウティ・ポシデティス・ユリス原則：国境の変更よりも現状維持を優先する国際法の原則（「所有しているものは所有し続けられる」）。

ADIZ（防空識別圏）：各国が設定した空域。あらかじめ飛行計画を提出せずに進入する航空機は、自らの身元を明らかにしなければならない。

延長大陸棚：大陸棚における沿岸国の権利を最大350海里まで延長する区域。

カーマン・ライン：空域と宇宙空間の慣例的な境界線。

海洋領域：国家の海洋領域は、その権限が及ぶ複数の区域から構成される。最も近いもの（領海）から最も遠いもの（排他的経済水域）までさまざまだ。

緩衝地帯：2つの政治的または軍事的主体を隔てる区域を指す表現。

干潮線：低潮時の水位線であり、国家の海洋区域を区画し、「基線」として機能する。

幾何学的国境：線と円弧で構成される境界線。

基線：国家の海洋区域を法的に画定する線。

境界設定：国家間の境界を広義に定めること。

境界地域：カロリング帝国の領地を指すために用いられた言葉。

境界の不変更：既存の国境を変更しないことを優先する法原則。

境界標示：国境が通る地点を具体的に明示するもの（例：標識）。

共同主権：領土の共同所有を示す特別な状態。

グラシ：領土への脅威を制限するために設けられた安全地帯。

群島水域：モンテゴベイ条約により特別な制度が適用される群島の水域。

限界地域：政治的実態の中心から最も離れた地域を指す用語。

検問所：特に国境の行政および税関のチェックポイントに適用される一般的な用語。

公海：どの国家の管轄にも属さない海域。「国際水域」とも呼ばれる。

交点境界：境界地点（空港など）。

国際海峡：2つ以上の国家を隔てる海峡で、航行が自由に行われるもの。

国境化：事実上の国境が法的国境に変わることを想起させる表現。

国境画定：国家間の境界を正確に定めること。

国境の「安全化」：国境越えの規制や制限が増大することを指す批判的な表現。

シェンゲン協定：ヨーロッパの5カ国間で自由な移動を組織化するために結ばれた協定（1985年）。

自然的国境：(i) 国境を画定するために使用される地理上の目印（山、川など）。(ii) 国家の境界を「正当」と見なされる境界線まで拡大する政治的プロジェクト。

自治：定められた領域に対する特定の権利を付与し、独立までは至らないものの、その領域内では中央政府の主権を制限する状態。

主権：国家の構成要素であり、その領土において外部からの法的または政治的制約を受けずに当局が活動する能力を意味する。

準飛び地：本国の領土と1点のみで接している領土。

人為的国境：(i) 自然の地理的ランドマークを通過する境界線以外の境界線。(ii) 不当または違法と見なされる境界。

スマートボーダー：近代的な監視および管理装置（特に電子機器）を指す表現。

セキュリティーフェンス：イスラエルがヨルダン川西岸地区の西端に設置した阻止および監視装置の総称。

接続水域：領海を越えて24海里までの海域で、沿岸国が警察権と関税権を有する。

占領：ある国家が別の国家の主権を強制的に制限すること。

測地座標系：緯度と経度に基づいて地点の位置を定義する座標系。一般的に

「地理座標系」と呼ばれる。

ダイアド：地理学者が2つの国家間の国境を指す際に使用する専門用語。

待機ゾーン：乗降地点と入国審査地点の間にある空港のスペース。

第二次シェンゲン協定：シェンゲン協定を実施し、自由な移動と国境を越えた協力の原則を確立するための協定（1990年）。

大陸棚：大陸の延長部で、海洋の表面下にあるもの。沿岸国は、最大200海里まで、その土壌および下層土を開発する権利を有する。

タルウェグ：谷または川床の最も低い点を結ぶ線。

治外法権：一定の区域や施設に適用される法原則で、その場合、それらが存在する国の主権は制限される。

中立地帯：非戦闘員を保護するための戦闘員から離れた区域を指す表現。

天文学的境界：子午線と緯線によって定義される境界。

等距離の原則：近隣諸国の水域の境界画定に適用される法的原則。公平性の名のもとに、あらゆる「特別な事情」を考慮に入れることを要する。

飛び地：完全に他国の領域内に位置する自国の領土。

内陸水域：領海を含む、国家領土内のすべての水域。

排他的経済水域：沿岸国が資源を開発する排他的権利を有する区域（最大200海里）。

不可侵性：国家主権に由来する法原則。すなわち、国境は侵害されてはならない。

フリーゾーン：特別な関税制度の恩恵を受ける区域。

フロンティアエリア：国境空間。

フロンテックス：欧州国境沿岸警備機関。

分水線：河川が流れる地域を分ける線。

保税地域：保税倉庫（輸送中の物品の保管）を指す表現。ホロジェネシス：国境の画定を指す表現。

無主地：「誰にも属さない土地」、いかなる権力もその主権を行使しない土地。

無人地帯：特に法的な意味を持たない、無人または中立の空間。

モンテゴベイ条約：国連海洋法条約（1982年）の通称。

ユーロサー：欧州国境監視システム。

リメス：ローマ帝国の国境地帯を指す用語。

領海：主権を有する海域。ただし外国船舶には「無害通航権」が認められている。

57の「境界線」

※**ゴシック体**は防衛線を示す

アッティラ・ライン：キプロスのグリーンラインの俗称。1964年のトルコ軍司令官、アッティラ・サブにちなんで名付けられた。

アルプス・ライン：フランス・イタリア国境の要塞、マジノ線の一部。

ウェイクフィールド・ライン：1938年、ケニアとスーダンの国境の境界線。レッドラインとも呼ばれる。

オーデル・ナイセ線：1945年に設定されたポーランドの西国境。オーデル川とナイセ川に沿って引かれている。

オハニャン・ライン：1994年から2020年にかけて、アルメニアがナゴルノ・カラバフに設定した防衛線。

カーゾン線：1919年に提案された、ポーランドとソ連間の休戦ラインに相当する。

カーマン・ライン：ハンガリーの物理学者にちなんで名付けられた、大気圏と宇宙空間（高度100キロ）の慣例的な境界線。

管理ライン：1949年のカシミールにおけるインド軍とパキスタン軍の停戦ライン（地図32参照）。

グウィン・ライン：画定されたエチオピアとスーダンの国境（1903年）。

グリーンライン（1）：1948年から1949年の戦争後、イスラエル軍とアラブ軍の間の停戦ライン。モーシェ・ダヤン将軍が引いたラインで、しばしば「1967年の国境」と誤って呼ばれる（地図50-51および53-54を参照）。

グリーンライン（2）：1975年の紛争後に設けられた、キプロスにおけるギリシャ軍とトルコ軍の間の停戦ライン（アッティラ・ラインとも呼ばれる）。英国軍将校がニコシアの地図に緑色の鉛筆で引いたもので、ほぼ北緯35度線に一致する（地図33参照）。

グリーンライン（3）：1914年にインドのシンド州とカッチ州の境界線として引かれた線で、現在はインドとパキスタンの国境紛争の対象となっている。

グレンディー・ライン：画定されたケニアとスーダンの国境（1931年）。別名「レッドライン」。

軍事境界線：1953年の南北朝鮮休戦時の最前線であり、現在では事実上の国際国境となっている。

ゴールドシュミット・ライン：1872年にフレデリック・ジョン・ゴールドシュミット将軍によって定められたイランとバルチスタンの境界線（1896年と1905年に修正）。現在はイランとパキスタンの国境の一部となっている。

サイクス・ピコ線：中東における英国とフランスの勢力範囲を分ける線。1916年の同名の協定により、地域は5つの区域に分割された。シリア・イラク国境と一部重なる（地図3参照）。

ジークフリート線（1）：ドイツ国境に建設された一連の要塞（1916〜1917年）。ヒンデンブルク・ラインとも呼ばれる。

ジークフリート線（2）：ドイツ国境に建設された一連の要塞（1938〜1940年）の通称。西の壁とも呼ばれる。

実効支配線（LAC）：1962年の戦争後の中国軍とインド軍の停戦ライン。厳密に言えば、LACはラダックの国境の西部のみを指す。東部では、マクマホン・ラインと合流する（地図32参照）。

シャル・ライン：フランスとチュニジアの国境防衛線（1959年）。

ショービノー・ライン：パリ防衛のための一連の要塞（1939年）。

ジョンソン・ライン：チベットと大英帝国の西側の境界線（1865年）。インドが承認（地図4参照）。

スターリン・ライン：1920年代にソ連の西側国境を守るために建設された要塞群。

スロビキン・ライン：ウクライナ戦争におけるロシアの防衛線。

接触線：アルメニアとアゼルバイジャンの停戦ライン（1994〜2020年）。

ゼロライン：インドにおけるインド・パキス

タン国境およびインド・バングラデシュ国境の通称。

ターイフ・ライン：1934年に定められたサウジアラビアとイエメンの国境。

停戦ライン：シアチェン氷河（カシミール地方）におけるインドとパキスタンの軍事境界線。1984年以来、両国の軍隊が対峙している。

デュアランド・ライン：1893年にモーティマー・デュアランド卿によって定められたアフガニスタンとインド帝国の国境。アフガニスタンとパキスタンの国境はおおむねデュアランド・ラインに沿っているが、1949年以来、アフガニスタンはその正当性を争っている。

トリンケット・ライン：1938年にフランスとモロッコの国境として提案されたルート。1956年まで事実上の国境として機能した。

パープルライン：第三次中東戦争（1967年）の終結時にイスラエルとシリア軍の間で引かれた停戦ライン。

バーレブ・ライン：1967年の勝利後、イスラエルがスエズ運河沿いに建設した（一連の要塞からなる）防衛線。

バイオレットライン：1914年、東部における大英帝国とオスマン帝国の境界線。

バルニエ・ライン：1912年にフランスとモロッコの国境として提案されたルート。1938年まで事実上の国境として機能した。

ビンダイジュ・ライン：1984年に画定されたサウジアラビアとイエメンの国境。

ヒンデンブルク・ライン：ドイツが国境に築いた一連の要塞（1916〜1917年）ジークフリート線に対する連合国側の呼称。

ブリュッセル・ライン：トルコとイラクの国境（1926年）。

ブルーライン（1）：1978年にイスラエル軍がレバノン領内に侵攻する前の同軍の陣地を基に、国連が決定したイスラエルとレバノンの領土の境界線。

ブルーライン（2）：1913年のオスマン帝国と大英帝国の間の南の境界線。

ブルーライン（3）：1947年に画定されたケニアとスーダンの国境。

ペドロン線：フランスとモロッコの国境防衛線（1956年）。

ペンバートン・ライン：1834年にインドとビルマの国境として英国の植民地政府によって引かれた線。

ボージュ・ブルーライン：ジュール・フェリーが1871年から1919年までの独仏国境を表現するために使用した表現。

北線：11世紀から13世紀にかけてモンゴルに築かれた要塞群。別名「チンギス・ハーン長城」。

北方限界線：米国が設定し、国連は承認しているが、北朝鮮は承認していない軍事境界線の海上延長線（西側）（地図30参照）。

マカートニー＝マクドナルド線：チベットと大英帝国の西側の国境の区分（1893年）、中国が承認（地図4参照）。

マクマホン・ライン：1914年にヘンリー・マクマホン卿が設定した、チベットと大英帝国の東側の国境。中国は承認しておらず、インドが実効支配しているアルナーチャル・プラデーシュ州の主権を争っている。東部では、実際の支配線と合流する（地図4参照）。

マジノ線：1930年代にフランスの東部国境に建設された一連の要塞。

マレス・ライン：チュニジアのマレスとタターウィーン間の国内防衛線（1936〜1940年）。

マンネルヘイム・ライン：1930年代にフィンランドの南部国境に築かれた一連の要塞。

メタクサス・ライン：1936年にギリシャ・ブルガリア国境を守るために築かれた要塞群。

モード・ライン：エチオピアとスーダンの国境の区分（1902年）。

モリス・ライン：フランスとチュニジア国境の防衛線（1957年）。

モロトフ・ライン：1940年から1941年にソ連が占領した領土を守るために築かれた要塞群。

ラドクリフ・ライン：1947年にインドとパキスタンの国境（西側および東側）として、英国の植民地政府が引いた線（地図4参照）。

レッドライン：ケニアとスーダンの国境の区分。グレンディー・ライン（1931年）やウェイクフィールド・ライン（1938年）にも同じ名称が用いられている。

「国境」名言集

国境に興味を持つのは誰か？　王である。分割して征服する。国境には見張り塔が存在し、見張り塔には兵士がいる。あらゆる特権、あらゆる禁止、あらゆる検閲、あらゆる圧制を誰も無視できない。この国境から、この見張り塔から、この兵士から、あらゆる人間の災難が生じる。
　　　　　　　　　ビクトル・ユーゴー

あらゆる国境は、薬のように、益にもなり毒にもなる。したがって、問題は用量である。
　　　　　　　　　レジス・ドゥブレ

国境など関係ない！
　　　　　　　1968年5月のスローガン

国境はギロチンとなった。
　　　　　　　パトリック・シャモワゾー

よい垣根があってこそのよい隣人。
　　　　　　　　　ロバート・フロスト

私にとって重要なのは国境や領土ではなく、人々の運命である。
　　　　　　　　ウラジーミル・プーチン

国境がなければ、国もない。
　　　　　　　　ドナルド・トランプ

国境は歴史の傷跡である。
　　　　　　　フリードリヒ・ラッツェル

カリフのアブー・バクル・アル＝バグダーディーは国境をなくす者である。神のご意志により、イラク、ヨルダン、レバノン……すべての国の国境を消し去る。
　　　　テロ組織「ダーイシュ」（イスラム国）

国境はカミソリの刃のようなものだ。そこでは戦争と平和、国家の存亡に関する現代的な問題が決定される。
　　　　　ケドルストンの初代カーゾン侯爵
　　　　　　　　　　ジョージ・カーゾン

国境を壊す者たちは、新たな空間において究極の恐怖を植え付け、恐怖によって境界線を移動させるという意志も持っている。
　　　　　　　　オリビエ・ウェーバー

50フィートの梯子を見せなさい、そうすれば51フィートの壁をお見せしましょう。
　　　　　　　ジャネット・ナポリターノ

壁は通行を禁じ、国境は規制する。国境をふるいだと表現するのは当然だ。国境は、選別するために存在しているのだ。
　　　　　　　　　レジス・ドゥブレ

国境は私の牢獄だ。
　　　　　　　　　レナード・コーエン

（ソ連の）国境は恣意的に設定された。
　　　　　　　　ウラジーミル・プーチン

国境の問題などない。あるのは国家の問題だけだ。
　　　　　　　　　ジャーク・アンセル

彼は長く美しい旅を続け、軽やかな心で、多くの国境を見てきた。そして、生き延びて成長した。
　　　　　　　　オリビエ・ウェーバー

イスラム教には血なまぐさい国境がある。
　　　　　　サミュエル・P・ハンチントン

国境をめぐる過剰な反応は国家を偉大にすると言ってきたが、往々にして人を不幸にしてきた。
　　　　　　　　ピエール・グロッサー

国境をなくし、税関職員を廃し、兵士を廃する。つまり、自由になること。そうすれば平和が訪れる。
　　　　　　　　　ビクトル・ユーゴー

国境はいたるところにある。
　　　　　　　　　ヘンリ・ドリオン

数千キロもの遠い辺境の地。その境界に沿って延びているのが20世紀の国境だ。国境は辺境の息吹を全身に浴びている。勇気と融和の精神——先住民に対する共感の気持ちがなければ、うまく機能する可能性は低い——忍耐力と機転、率先力と自制心。これらは現代の開拓者集団にも求められる資質である。これに加えて、国境で任務を遂行する理想的な将校には、語学の才能、最低限の科学的知識、そして強靭な肉体が求められる。彼が遂行しなければならない任務は、探検家であり、行政官であり、軍司令官であり、そのすべてでもある。軍人は、文民よりもこれらの任務に適している。そして、多くの軍人の名声が国境で築かれてきた。国境の軍人は、自分の存在を冷静に受け止めている。なぜなら、彼を待ち受けているのは、パシュトゥーン族の狂信者のナイフかもしれないし、アフリカの沼地からもたらされる致命的な熱病かもしれないからだ。しかし、彼はこれらのリスクを気にしていない。国の名誉は自分の手に委ねられていると感じているからだ。

**ケドルストンの初代カーゾン侯爵
ジョージ・カーゾン**

国境は、人が生きていく上で欠かせないものの1つだ。国境がなければ存在は不可能だ。境界も輪郭もないものは存在しない。

オルバーン・ビクトル

国境のない国は荒廃している。

マルセル・ゴーシェ

国境は政治家が作り出した最悪の発明品だ。

ジャン=クロード・ユンケル

みんな国境を見たいんだ。

ドナルド・トランプ

神の救いの力によって、国境も、政治や経済のシステムも、文化や文明や開発の広大な領域も開かれます。恐れることはありません!

ヨハネ・パウロ2世

物理的な国境は私たちを隔てている。しかし私たちの心に国境はない。

アフメト・ダウトオール

ロシアの国境には果てがない。

ウラジーミル・プーチン

国境は謙虚な者の盾である。

レジス・ドゥブレ

品物が国境を越えなくても、兵士は越える。

フレデリック・バスティア

ウイルスは国境を無視する。

テドロス・アダノム・ゲブレイェソス

国境は名誉である。

トルコのモットー

参考文献

AMILHAT-SZARY Anne-Laure, *Qu'est-ce qu'une frontière aujourd'hui ?*, Paris, PUF, 2015

ANDERSON Malcolm, *Frontiers : Territory and State Formation in the Modern World*, Cambridge, Polity Press, 1997

BAUTZMANN Alexis, *Atlas géopolitique mondial*, Argos, 2015

BERTIN Jacques, *Atlas historique universel*, Minerva, 1997

BILLARD Hugo Billard & ENCEL Frédéric, *Atlas des frontières*, Autrement, 2021

CATTARUZZA Amaël et al., *Fontières*, Bréal, 2020

COURRIER INTERNATIONAL, « Cinquante Murs à abattre », numéro spécial, 6-12 novembre 2014

DEBRAY Régis, *Éloge des frontières*, Paris, Gallimard, 2010

DIENER Alexander C. & HAGEN Joshua, *Borderlines and Borderlands : Political Oddities at the Edge of the Nation-State*, New York, Rowman & Littlefield, 2009

DIENER Alexander C. & HAGEN Joshua, *Borders : A Very Short Introduction*, Oxford, Oxford University Press, 2012

DODDS Klaus, *Border Wars. The Conflicts That Will Define Our Future*, Penguin Books, 2022

DORION Henri, *Éloge de la frontière*, Montréal, Fides, 2006

DULLIN Sabine et al., *Les Frontières mondialisées*, Paris, PUF, 2015

FOUCHER Michel, *Fronts et frontières, Un tour du monde géopolitique*, Paris, Fayard, 1988

FOUCHER Michel, *L'Obsession des frontières*, Paris, Perrin, 2007

FOUCHER Michel, *Frontières d'Afrique, Pour en finir avec un mythe*, Paris, CNRS Éditions, 2014

FOUCHER Michel, *Le Réveil des frontières*, Paris, CNRS Éditions, 2016

FOUCHER Michel, *Les Frontières*, Documentation photographique, CNRS Éditions, 2020

HERMÈS – LA REVUE, « Murs et frontières », Paris, CNRS Éditions, 2012

JACOBS Frank, *Strange Maps : An Atlas of Cartographic Curiosities*, New York, Viking Studio, 2009

JENNINGS Ken, *Maphead. Charting the Wide, Weird World of Geography Wonks*, New York, Scribner, 2011

LE MONDE DIPLOMATIQUE, « Faut-il abolir les frontières ? », *Manière de voir* n° 128, avril-mai 2013

MARCHON Olivier, *Le mont Blanc n'est pas en France ! Et autres bizarreries géographiques*, Paris, Seuil, 2013

MARSHALL Tim, *Divided : Why We're Living in a Age of Walls*, Londres, Elliott & Thompson Limited, 2018

MEIER Daniel, *Les Frontières au-delà des cartes, Sécurité, migration, mondialisation*, Paris, Le Cavalier bleu, 2020

NOVOSSELOFF Alexandra & NEISSE Frank, *Des murs entre les hommes*, Paris, La Documentation française, 2015

ORTOLLAND Didier, PIRAT Jean-Pierre, *Atlas géopolitique des espaces maritimes*, Technip, 2010

PICOUET Patrick & RENARD Jean-Pierre, *Les Frontières mondiales, Origines et dynamiques*, Paris, Éditions du temps, 2007

PICOUET Patrick (dir.), *Le Monde vu à la frontière*, Paris, L'Harmattan, 2011

POUVOIRS, « Les frontières », n° 165, Paris, Seuil, 2016

QUESTIONS INTERNATIONALES, « Le Réveil des frontières, Des lignes en mouvement », n° 79-80, mai-août 2016

QUÉTEL Claude, *Murs, Une autre histoire des hommes*, Paris, Perrin, 2012

ROSIÈRE Stéphane, *Frontières de fer, Le Cloisonnement du monde*, Paris, Syllepse, 2020

SIERRA Philippe (dir.), *Frontières*, Paris, Ellipses, 2020

VALLET Élisabeth (dir.), *Borders, Fences and Walls : State of Insecurity*, Farnham, Ashgate Publishing, 2014

WEBER Olivier, *Frontières*, Paris, Paulsen, 2016

ZAJEC Olivier, *Frontières, Des confins d'autrefois aux murs d'aujourd'hui*, Paris, Chronique Éditions, 2017

地図資料

Natural Earth Data
Vector Map
Open Street Map
IGN et Eurogeographics
Marine Regions
Global Administrative Boundaries
Copernicus, Agence spatiale européenne
NASA, NOAA
ETOPO, GEBCO, SRTM, Shaded Relief Archive
View Finder Panorama, Mapzen
ACLED, ISW, War Mapper, LiveUaMap
OCHA
WorldPop, Global Human Settlement

著者 • デルフィヌ・パパン／Delphine Papin

フランス地政学研究所の博士で、新聞「ル・モンド」のインフォグラフィックス・マッピング部門を統括している。「ル・デッスー・デ・カルト」番組に協力し、『L'Atlas global』（レ・アレーヌ、2014年）、『L'Atlas de Londres』（オートルマン、2012年）、『L'Atlas géopolitique du Royaume-Uni』（オートルマン、2009年）など多くのアトラスに携わってきた。また、雑誌「エロドット」の編集委員会のメンバーでもある。

著者 • ブルーノ・テルトレ／Bruno Tertrais

政治学者。戦略研究財団の副所長およびモンテーニュ研究所のシニアフェロー。『大統領と爆弾』（2016年、地政学書賞受賞）、『歴史の逆襲』（オディール・ジャコブ、2017年）、『軍事および戦略アトラス』（2019年）、『人口ショック』（2020年）などの著書がある。2010年には、その業績全体でヴォーバン賞を受賞。2020年1月からは週刊誌「L'Express」に隔週でコラムを執筆している。

地図 • グゼマルタン・ラボルド／Xemartin Laborde

「ル・モンド」紙のインフォグラフィックス担当で、主に地政学ページを担当している。フランス地政学研究所と国立地理科学学校で教育を受け、『L' Atlas mondial du nucléaire』や『L' Atlas des grandes découvertes』（オートルマン、2015年および2021年）、『L' Atlas des richesses insoupçonnées de la France』（レ・アレーヌ、2018年）といったアトラス書に参加してきた。

訳者● 岩田佳代子／いわたかよこ

清泉女子大学文学部英文学科卒業。訳書にナショナル ジオグラフィック別冊『エリザベス女王　写真で振り返る、国家に捧げた生涯』（日経ナショナル ジオグラフィック）、アマンダ・リプリー『High Conflict よい対立 悪い対立　世界を二極化させないために』（ディスカヴァー・トゥエンティワン）、リンジー・C・ギブソン『親といるとなぜか苦しい:「親という呪い」から自由になる方法』（東洋経済新報社）など。

訳者● エラリー・ジャンクリストフ／Jean-Christophe Helary

パリ・シテ大学大学院卒業。訳書に斎藤幸平『人新世の「資本論」』（Seuil社）、伊藤詩織『Black Box』（Éditions Picquier社）、『人類史マップ』『消えた巨大生物』（日経ナショナル ジオグラフィック）など。コート・ダジュール大学大学院講師。

日本語版監修● 井田仁康／いだよしやす

1958年東京都生まれ。筑波大学名誉教授。社会科教育・地理教育が専門。博士（理学）。日本社会科教育学会長、日本地理教育学会長を歴任し、日本地理学会長。編著に『読むだけで世界地図が頭に入る本』（ダイヤモンド社）、『世界の今がわかる「地理」の本』（三笠書房）、『13歳からの世界地図』（幻冬舎）など。日本語版監修として『世界をまどわせた地図』『地図の物語』（日経ナショナル ジオグラフィック）など。

国境アトラス　世界の壁・移民・紛争の全記録

2025年3月24日　第1版1刷

著者	デルフィヌ・パパン、ブルーノ・テルトレ
地図	グゼマルタン・ラボルド
訳者	岩田 佳代子、エラリー・ジャンクリストフ
日本語版監修	井田 仁康(よしやす)
編集	尾崎 憲和
編集協力・制作	リリーフ・システムズ
装丁	小口 翔平＋村上 佑佳(tobufune)
発行者	田中 祐子
発行	株式会社日経ナショナル ジオグラフィック 〒105-8308　東京都港区虎ノ門4-3-12
発売	株式会社日経BPマーケティング
印刷・製本	日経印刷

ISBN 978-4-86313-642-7　Printed in Japan

乱丁・落丁本のお取替えは、こちらまでご連絡ください。
https://nkbp.jp/ngbook

本書はフランスLes Arènesの書籍「L'ATLAS DES FRONTIÈRES MURS, MIGRATIONS, CONFLITS」を翻訳したものです。
内容については原書発行当時のもので、原著者の見解に基づいています。

Japanese translation © 2025 Nikkei National Geographic Inc.

本書の無断複写・複製(コピー等)は著作権法上の例外を除き、禁じられています。
購入者以外の第三者による電子データ化及び電子書籍化は、私的使用を含め一切認められておりません。

Delphine Papin, Bruno Tertrais, Xemartin Laborde
L'Atlas des frontières : Murs, migrations, conflits
© Les Arènes, Paris, 2024.
The book is published in Japan by arrangement with les Arènes, through le Bureau des Copyrights Français, Tokyo.